CW01572464

Sushi

Préparations et recettes

Sushi

Préparations et recettes

Kimiko Barber et Hiroki Takemura

Photographies de Ian O'Leary

HACHETTE

Édition originale publiée au Royaume-Uni en 2002 par Dorling Kindersley, Londres
Titre original : *Sushi, Taste and Technique*

Édition française

Traduction : Stephan Lagorce
Adaptation et réalisation : Marie Vendittelli-Latombe – Looping
Couverture : Nicole Dassonville (Hachette Pratique)

Sommaire

Les sushis

Les essentiels

Les recettes

La dégustation

Les sushis
Historique

La traduction la plus simple du mot « sushi » est : « riz vinaigré recouvert ou farci de poisson cru, cuit ou mariné, de crustacés, de légumes ou encore d'œufs ». Ils peuvent être consommés en apéritifs, en entrée ou en plat principal et se présentent sous les formes et aspects les plus divers. Du bol de riz recouvert de poisson au sushi roulé et pressé à la main, l'éventail est très large. En plus d'être sains et délicieux, les sushis sont toujours présentés de manière très artistique.

Au Japon, les sushis sont une nourriture de tous les jours. À l'origine, ils étaient surtout un moyen simple de conserver le poisson après la pêche, puis ils sont devenus un véritable plat national consommé aussi bien au restaurant qu'à la maison, dans le cercle familial. Un ambassadeur japonais s'amusait à dire que les sushis avaient plus fait pour la renommée du pays que tous les efforts officiels entrepris en ce sens !

L'arrivée des sushis au Japon

Personne ne peut dire quand exactement les sushis furent inventés, mais la technique du poisson conservé au vinaigre et du riz était connue en Asie du Sud-Est depuis le Ve siècle avant notre ère. On dit que les sushis sont apparus au Japon avec l'introduction du riz et de sa culture au IVe siècle avant notre ère, mais d'autres sources affirment qu'ils furent ramenés de Chine au VIIe siècle par des moines bouddhistes ayant terminé leur enseignement.

< La culture du riz a été introduite au Japon au IVe siècle avant notre ère.

< Des moines bouddhistes pourraient avoir apporté la tradition des sushis de Chine au Japon.

La culture culinaire

Au milieu du XVe siècle, le riz était plus souvent cuit à la vapeur que bouilli et l'habitude du déjeuner s'installa.

Au début du XVIIe siècle, le nouveau gouvernement déménagea. Il quitta l'ancienne capitale de Kyoto pour prendre ses quartiers à Edo, l'actuelle Tokyo. Avec l'établissement d'un pouvoir central fort et des structures d'état solides, la production alimentaire augmenta. Les surfaces de culture du riz furent multipliées et les produits élaborés, comme le riz fermenté, commencèrent à prendre de l'importance.

Les deux idéogrammes chinois qui définissent le mot sushi et qui signifient « poisson conservé » et « poisson fermenté » apparaissent au Japon au VIIIe siècle.

En forme d'impôt, les régions côtières expédiaient du poisson conservé dans le riz à la capitale de l'époque qu'était Kyoto. Cette forme très primitive du sushi (*nare sushi*), préparée en couches avec de la carpe et du riz et fermentée plus d'un an, peut encore être achetée et consommée. Sa saveur ressemble plus à celle du nuoc-mâm.

V Ce symbole signifiant « sushi » en japonais est apparu en Chine au VIIIe siècle avant notre ère.

< Le mode de vie à Edo, aujourd'hui Tokyo, a facilité l'émergence des sushis.

Au lieu de laisser le riz fermenter et produire l'acide lactique qui permet sa conservation, on ajouta du vinaigre de riz. Cette nouvelle méthode ramena le temps de préparation de plusieurs jours à quelques heures. Cependant, le sushi continuait à être pressé dans une boîte en bois et le poisson était soit mariné soit bouilli, mais jamais proposé cru.

Nigiri sushi, le premier fast-food

La toute première boutique à sushi connue fut fondée à Edo par Yohei Hanaya au début des années 1800. Il est considéré comme l'inventeur des *nigiri sushi*.

Il fut le premier chef à avoir eu l'idée de presser le riz cuit vinaigré en petites formes arrondies et à poser par-dessus de petites tranches de poisson. Les habitants d'Edo étaient d'une nature très impatiente et la rapidité avec laquelle Yohei Hanaya fabriquait ses *nigiri sushi* lui assura un rapide succès.

La Seconde Guerre mondiale accentua encore la popularité des sushis pressés à la main en raison du rationnement alimentaire qui fût mis en place au lendemain de la capitulation japonaise. Les alliés émirent une directive selon laquelle un bol de riz pouvait être échangé contre dix *nigiri sushi* et un sushi en rouleau, à l'exclusion de tout autre type de sushi. Cette consigne entraîna une consommation soutenue des *nigiri sushi*.

Les boutiques à sushis

Ces échoppes servaient des sushis à emporter le jour alors que les étals que l'on trouvait à de nombreux carrefours dans Tokyo n'ouvraient qu'à la nuit tombée.

Λ Le sushi pressé est la forme la plus ancienne, mais elle a pratiquement disparu.

Les clients partageaient un même bol contenant le gingembre au vinaigre et la sauce au soja. Tout le monde devait s'essuyer les mains sur un même torchon pendu au mur. À cette époque, un des meilleurs signes pour reconnaître une bonne échoppe à sushi était l'essuie-main : plus celui-ci était sale, plus cela signifiait le passage d'un grand nombre de clients...

Les sushis actuels

Les sushis se sont métamorphosés depuis leur apparition, lorsqu'ils étaient avant tout une simple méthode de conservation du poisson. Aujourd'hui, ils ont la réputation légitime d'être une des alimentations les plus saines qui soit et leur popularité grandit de jour en jour. Revers de la médaille, ils sont proposés dans la plupart des supermarchés, en barquettes préparées et la qualité n'est pas toujours à la hauteur... Sans vouloir critiquer les boîtes de sushis à emporter préparés en usine, mieux vaut utiliser quelques ingrédients bien frais et travailler votre savoir-faire pour préparer vos propres sushis à la maison ; vous obtiendrez un résultat bien meilleur que n'importe quel produit du commerce.

V Les barquettes de sushis ne peuvent rivaliser avec des sushis faits maison !

L'apprentissage du métier

La maîtrise de l'art

La maîtrise de la technique est déterminante dans la réalisation des sushis. Uniquement réservé à la gent masculine – les chefs en sushi, sans exception, sont des hommes –, l'apprentissage est extrêmement difficile et peut durer plus de dix ans. Suivons donc l'itinéraire du chef Takemura, co-auteur de cet ouvrage.

L'apprentissage

Takemura a cessé d'aller à l'école à l'âge de 15 ans pour travailler dans un bar à sushi de sa ville natale de Matsuyama, sur l'île de Shikoku. Il savait, dès le début, que de longues années de labeur l'attendaient. Ses journées débutaient très tôt le matin pour accompagner le maître en sushi ou son chef direct au marché et porter les caisses de poissons. C'est à ce moment, en observant attentivement, que Takemura apprit à sélectionner, choisir, puis acheter les meilleurs produits. De retour au restaurant, sa première tâche était de faire un ménage complet et de rendre l'endroit étincelant. Un peu plus tard, il devait livrer dans toute la ville les commandes de sushis passées la veille, récupérer assiettes et plateaux sales, les ramener, puis les laver. À aucun moment, il n'était autorisé à approcher le poisson : plusieurs années de ces tâches ingrates mais formatrices devaient encore s'écouler.

Il commença à apprendre comment faire cuire le riz en observant le maître à distance. Lorsqu'il fut enfin autorisé à approcher le chef, ce fut pour brasser le riz cuit et faciliter son refroidissement.

Le comptoir

C'est seulement après dix années de travail que Takemura put enfin travailler au comptoir du sushi-bar, la scène où le maître en sushi accomplit son art. À ce stade, Takemura travaillait dans un restaurant plus important à Osaka, seconde ville japonaise et capitale culinaire du pays. Là, il dut rapidement se défaire de son accent du Sud pour ne pas faire rire les clients. En tant qu'assistant, il portait le titre de *wakita* littéralement « petite planche à découper » et préparait les poissons pour son chef ou assemblait les sushis à emporter. Après quelques années encore, il fut promu *Itamae* ce qui signifie « au centre de la planche à découper ». Il est alors devenu un chef à part entière, capable de préparer toutes sortes de sushi devant ses clients avec l'assurance requise. Mais son apprentissage n'était pas encore terminé. Il dut encore apprendre la partie commerciale de son métier en contribuant au succès du restaurant, en fidélisant sa propre clientèle et en faisant en sorte qu'elle s'attache à la qualité de ses sushis.

La maîtrise

J'ai rencontré Takemura dans un des meilleurs sushi-bars de Londres alors qu'il était déjà maître en sushi. Nous avons fait un repas mémorable cette soirée-là mais ce n'est qu'après quelques semaines et d'autres repas que j'ai vraiment pris conscience de la somme de connaissances et de techniques à connaître pour prétendre au titre de maître en sushi. Au fur et à mesure de nos venues, Takemura adaptait ses sushis à nos goûts. Je vous incite vraiment à préparer vous-mêmes vos sushis, tout en sachant que rien n'est plus formateur que d'observer un chef qualifié en action.

Intérêt nutritionnel
Saveur et équilibre

Les sushis ne sont pas seulement délicieux, ils sont aussi excellents pour la santé. On peut ainsi déguster de succulentes petites bouchées sans avoir à payer le prix de sa gourmandise ! Les bénéfices du régime alimentaire japonais fondé sur le riz et les poissons ne sont plus à démontrer. Un des meilleurs exemples que l'on puisse donner au sujet de cette nourriture est l'espérance de vie au Japon : elle est l'une des plus grandes au monde.

Poissons et fruits de mer

Des poissons comme le bar ou la daurade ont moins de 100 calories aux 100 g. Même les espèces plus riches comme le maquereau, l'anguille ou la partie grasse du thon, ne dépassent pas 200 calories aux 100 g. Les poissons gras comme le maquereau, la sardine, le hareng sont riches en acides gras oméga-3 qui aident à lutter contre les maladies cardio-vasculaires.

V La racine de gingembre rafraîchit agréablement le palais.

Riz

Le riz est une excellente source d'hydrates de carbone et de protéines. Il ne contient pas de gluten et convient donc aux sujets qui sont allergiques à cette substance.

Gingembre

Tout comme le riz vinaigré, le gingembre est un bon antiseptique. Il favorise la digestion, stimule le système immunitaire et aide à lutter contre les rhumes et les refroidissements.

Vinaigre

Le vinaigre de riz possède d'étonnantes propriétés antiseptiques qui sont mises à profit depuis des siècles pour conserver

< Le *nori* amène une touche de sophistication aux sushis émincés et aux soupes.

les aliments. Il aide à la digestion, et combat l'hypertension. Sous sa forme diluée, il est aussi très bon pour la peau.

Sauce soja

Elle est élaborée à partir de haricots de soja fermentés qui sont riches en protéines, en magnésium, en potassium et en fer. Le soja contient des phyto-œstrogènes qui permettent de lutter contre les effets désagréables de la ménopause. Des sauces à teneur en sel réduite sont maintenant disponibles. Le *tamari* qui ne contient pas de farine est une bonne alternative pour les personnes allergiques au gluten.

> La sauce soja est faite de haricots de soja écrasés avec du sel, de la farine et de la levure.

Nori

Les algues sont parfois considérées comme une nourriture assez exotique, mais elles sont très riches. Elles contiennent des protéines, des minéraux et regorgent de vitamines A, B1, B2, B6, niacine et C. Elles aident à protéger l'organisme des dépôts de cholestérol sur les parois artérielles. Plus le *nori* est sombre, meilleure est sa qualité.

Wasabi

Riche en vitamine C, le *wasabi* stimule la production de salive et facilite la digestion. Il possède de bonnes propriétés antiseptiques.

Les essentiels

Les ustensiles
Le dogu

Même si vous pouvez éprouver quelques difficultés pour dénicher un ou deux objets très spécifiques, la popularité toujours croissante des sushis fait que l'on trouve maintenant la plupart des ustensiles nécessaires dans le commerce ou dans les épiceries asiatiques. Il est toujours préférable de posséder le bon équipement mais, dans de nombreux cas, vous pourrez aussi improviser et faire avec les moyens du bord : par exemple, de petits moules à gâteau chemisés de papier alimentaire remplacent assez bien les meilleurs moules à sushis.

Un assortiment de couteaux de bonne qualité est un investissement de fond pour toute cuisine digne de ce nom, mais la pièce maîtresse de votre équipement, pour laquelle il n'existe pas d'équivalent, est le rouleau de bambou qui permet de préparer les sushis roulés. C'est toujours un plaisir que d'ajouter des petits ustensiles de cuisine à ceux que l'on possède déjà. De plus, tous ces menus objets sont très bon marché. Vous pourrez les utiliser pour toute la cuisine japonaise en général, et pour la préparation des sushis en particulier.

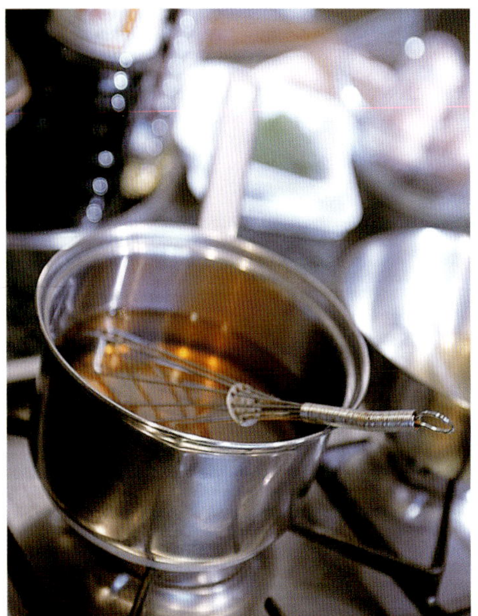

< Dans la plupart des cas, vous n'aurez pas besoin d'équipement spécifique pour réussir les sushis.

> Les couteaux sont le trésor du maître en sushis : il les nettoie, les affûte constamment et les range soigneusement après usage dans une pièce de tissu d'une propreté irréprochable.

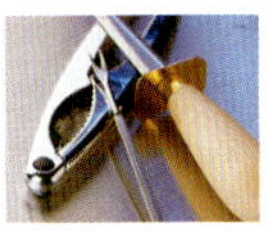

Les ustensiles
L'équipement spécifique

Il est toujours préférable de posséder les équipements adéquats pour réussir au mieux les sushis, mais il est parfois possible de remplacer le matériel requis par des ustensiles plus courants. Cependant, vous devrez impérativement vous procurer un rouleau à sushi car il n'existe pas de substitut possible.

V **Cylindre à riz en bois** [*hangiri*]

Fabriqué en bois de cyprès et ceinturé de lamelles en cuivre, cet ustensile est prévu pour la préparation du riz à sushis. Sa forme spéciale accélère le refroidissement après cuisson et facilite le mélange lors de l'ajout du vinaigre. Le *hangiri* doit être trempé dans de l'eau froide et soigneusement essuyé avant usage. Après, il faut le laver à l'eau froide sans aucun produit nettoyant. Séchez-le avec un linge propre et placez-le renversé dans une pièce fraîche et sombre. Un simple saladier non métallique peut aussi convenir.

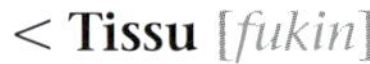

< **Tissu** [*fukin*]

Simple mais très utile. En coton ou en lin, il sert à essuyer les poissons, le plan de travail et les mains du préparateur qui se doivent d'être toujours impeccables.

< **Palette à riz** [*shamoji*]

Une palette plate faite en bambou est traditionnellement employée pour servir le riz. Faites-la tremper dans de l'eau froide pour éviter que le riz ne colle dessus au moment du service.

> Passoire en bambou [*zaru*]

Cette passoire fabriquée en bambou est indispensable dans la cuisine japonaise. On l'emploie dans différentes méthodes de cuisson, de l'égouttage des pâtes au blanchiment des poissons pour attendrir leur peau, ou encore pour les maquereaux marinés. Elle doit être séchée complètement après usage sinon elle se détériore assez rapidement. Une passoire en plastique ou en métal convient aussi bien mais celle en bambou est moins chère et bien plus agréable à manipuler.

V Baguettes de cuisson [*sai bashi*]

Les baguettes de cuisson ont deux ou trois fois la taille des baguettes classiques. Leur longueur vous protégera de la chaleur et des projections. Les baguettes de métal sont également adaptées au travail du poisson.
Lorsque vous maîtriserez leur manipulation, les baguettes seront les outils les plus précieux de la cuisine, une véritable extension de vos doigts.

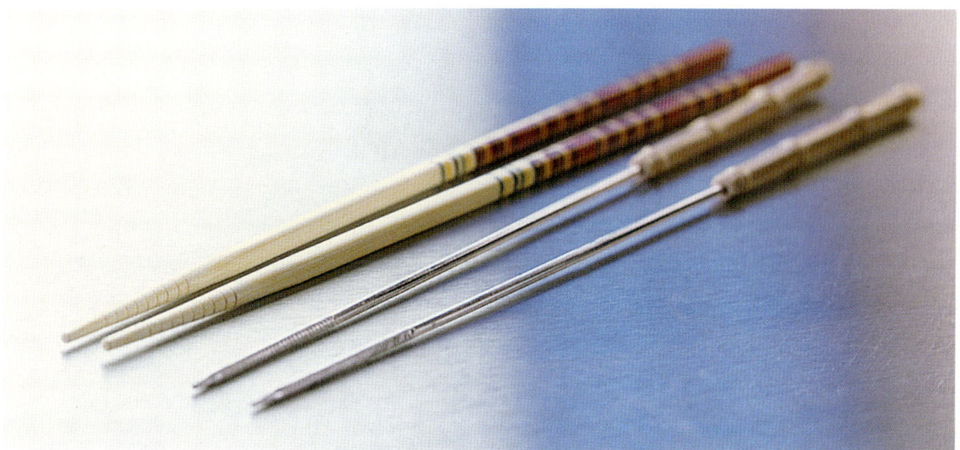

∧ **Couteaux** [*hocho*]

Le couteau est au maître en sushi ce que le sabre est au guerrier samouraï ! Les couteaux sont forgés à partir d'acier de qualité supérieure. Ces ustensiles doivent être bien entretenus pour maintenir leur fil coupant comme un rasoir. Ils sont affûtés sur une pierre volcanique humide, jamais avec un fusil en métal ou un aiguiseur ménager. Un mauvais travail provient le plus souvent d'un mauvais couteau. Entretenez-le donc soigneusement et il vous servira sans faillir. Ne le rangez pas dans un tiroir avec d'autres couteaux qui pourraient abîmer sa fragile lame. Évitez aussi le lave-vaisselle et préférez un lavage manuel. Si vous ne savez pas comment le ranger, enveloppez-le dans un tissu propre et sec. Si vous redoutez de l'aiguiser vous-même, confiez ce travail à un bon professionnel habitué au geste précis qu'il convient de faire pour un bon résultat.

Les couteaux japonais ne sont affûtés que sur un seul côté de leur lame, le bord coupant se trouve toujours à droite.
Un chef possède en général trois types de couteaux. Ci-contre, de gauche à droite :

Le gros couteau [*deba bocho*]
Sa lame épaisse et solide permet de couper sans problème les plus grosses arêtes.

Le couteau à légumes [*usuba bocho*]
Dans les mains d'un chef expérimenté, ce couteau pèle, coupe, hache plus fin et plus vite qu'un matériel ménager électrique.

Le couteau à poisson [*yanagi bocho*]
Avec sa lame longue et fine, il permet de trancher les filets, de découper les rouleaux de sushi et de préparer toutes sortes de garnitures décoratives.

> Ustensiles à crustacés

Le crabe ou le homard sont des produits très utilisés pour préparer les sushis mais leur chair est parfois difficile à extraire. Les ustensiles spécifiques ci-dessous vous seront indispensables :

La pince à crustacés

Les tourteaux et les homards ont des carapaces et des pinces très dures. Vous pouvez employer un marteau ou la lame d'un gros couteau pour les briser et prélever les chairs, mais l'usage de la pince est plus pratique car on peut mieux contrôler sa force et, surtout, éviter d'écraser les chairs. Un simple casse-noix devrait convenir.

La pique métallique

Elle sert à extraire les chairs cuites difficilement accessibles dans les recoins de la carapace. Une fine baguette ou une brochette peuvent faire bon office mais la pique est l'instrument qui vous rendra le travail le plus facile.

Le couteau à huître

Il sert à ouvrir les huîtres et les coquilles Saint-Jacques. En lieu et place, vous pouvez aussi vous servir d'un petit couteau de cuisine, mais vous risquez d'abîmer le mollusque et, pire encore, de vous couper. Pour ouvrir une huître, saisissez-la fermement dans une main avec un torchon, placez la pointe du couteau à la jointure des coquilles et « tournez » pour faire céder le coquillage (voir page 122).

> Le couteau à écailler

Cet ustensile permet d'éliminer en douceur les écailles de la peau du poisson sans en endommager les chairs. Le dos d'un gros couteau ou une coquille Saint-Jacques peuvent aussi convenir. Une astuce pour vous aider à écailler proprement un poisson consiste à le placer dans un sac en plastique qui évitera aux écailles de s'échapper dans tous les sens.

< La poêle japonaise carrée à omelette

L'omelette épaisse japonaise (voir pages 40-42) est habituellement préparée dans une poêle carrée profonde de 2 cm. Ces omelettes sont bien meilleures car la poêle employée est épaisse et la chaleur se diffuse plus régulièrement. Vous pouvez aussi prendre une poêle ronde classique de 20 cm de diamètre. Dans ce cas, taillez l'omelette en carré après cuisson.

< La natte en bambou [*makisu*]
Indispensable pour préparer une grande variété de sushis, la natte est fabriquée avec des petites tiges de bambou liées par des fils de coton. Il n'y a pas vraiment de substitut efficace à la natte à rouler, mais elle n'est pas coûteuse et on la trouve facilement dans les épiceries asiatiques. Choisissez-la assez grande et solide. Il faut la laver dans l'eau froide et l'essuyer aussitôt car l'humidité résiduelle risque de la faire rapidement moisir.

> Le moule à sushi pressé [*oshibako*]
Il est habituellement fabriqué dans du bois de cyprès. Son fond et son couvercle sont amovibles. On les trouve de différentes formes, rectangulaires ou carrées. Pour éviter au riz de coller aux parois, il est important de faire tremper au préalable le moule dans de l'eau froide, puis de l'essuyer légèrement avec un torchon humide. Entretenez le moule à sushi comme le cylindre à riz (voir page 18). Un petit moule à gâteau rectangulaire ou une boîte en plastique chemisée de papier alimentaire peuvent aussi être utilisés.

Les ingrédients
Zairyo

La popularité croissante des sushis a eu l'avantage de rendre facilement disponible un grand nombre d'ingrédients indispensables à leur préparation comme le riz japonais, les algues *nori,* le *wasabi,* le vinaigre de riz, et la sauce soja japonaise. Le plus souvent possible, des produits de substitution seront proposés mais, pour un résultat parfait, préférez toujours l'aliment d'origine. D'autres ingrédients plus spécifiques devront être achetés dans les épiceries asiatiques.

Des produits comme le *kampyo,* et les champignons *shiitake* doivent être, avant usage, réhydratés et parfumés dans un bouillon. Vous devez ajouter ce temps de trempage à celui de la préparation proprement dite. Vous pouvez aussi gagner du temps en les cuisinant à l'avance. Dans ce cas, il faut les conserver au réfrigérateur (trois jours environ) dans un récipient hermétique. La plupart des ingrédients qui vont être décrits dans les pages suivantes peuvent être conservés à température ambiante assez longtemps. Stockez-les et ainsi vous n'aurez plus qu'à faire votre marché de poissons et de légumes pour préparer vos sushis.

< Le saké, vin de riz japonais, est utilisé pour attendrir la viande et le poisson. On trouve dans le commerce du saké bon marché pour la cuisson.

> La racine de *wasabi* fraîche est très difficile à trouver, même au Japon. Le *wasabi* est vendu sous forme de poudre à réhydrater ou en pâte prête à l'emploi conditionnée dans des tubes.

Les ingrédients
Les incontournables

L'essentiel des ingrédients qui permettent de préparer des sushis chez soi (le riz japonais, la sauce soja et le *wasabi,* par exemple) sont souvent disponibles en grandes surfaces et dans la plupart des commerces. Les produits plus spécifiques doivent être recherchés dans les épiceries asiatiques. Les produits de substitution seront indiqués chaque fois que cela sera possible.

> Le riz japonais [*kome*]

Le riz rond japonais est très riche en amidon et possède une consistance légèrement collante lorsqu'il est cuit. Conservez-le dans un endroit frais, dans un récipient hermétique. Le riz long ne convient pas pour la réalisation des sushis car il est trop dur et n'absorbe pas assez l'eau de cuisson. Les riz ronds peuvent remplacer la variété japonaise.

< Les feuilles d'algues séchées [*nori*]

Entières, les feuilles de *nori* s'utilisent pour la confection des sushis roulés; émincées elles forment une garniture très décorative. Choisissez du *nori* de couleur sombre et de grain très serré. Des feuilles trouées ou trop vertes indiquent une qualité inférieure. Placez-les dans une boîte hermétique et conservez le tout dans un endroit frais et sec.

Le raifort japonais [*wasabi*]

Ce raifort vert est aussi connu sous le nom de *namida,* ce qui signifie « larmes », en raison de sa saveur brûlante. Le *wasabi* doit être servi en petite quantité : son rôle est de parfumer et non de dénaturer la saveur du poisson ou du riz. Vous le trouverez en poudre ou en pâte prête à l'emploi.

Λ La racine fraîche de *wasabi*

La racine est une plante originaire du Japon qui pousse généralement à moyenne altitude. Elle est coûteuse et généralement très difficile à obtenir hors du pays.

V La pâte de *wasabi* toute prête

Une fois le tube ouvert, conservez-la au réfrigérateur. Consommez-la rapidement, car elle perd vite son arôme et sa force.

Λ Poudre de *wasabi*

Vous la trouverez dans les épiceries asiatiques. Elle peut se conserver assez longtemps et son goût ne s'altère pas. Transformez-la en une pâte assez épaisse en mélangeant 1 cuillerée à café de *wasabi* avec 1 cuillerée à café d'eau froide. Laissez reposer 5 minutes pour que les arômes se développent. Cette pâte peut être moulée et utilisée en garniture (voir page 51).

∧ La sauce soja [*shoyu*]

Cette sauce est élaborée à partir de haricots de soja fermentés, de farine et de sel. Il en existe deux variétés : la sauce soja légère est plus salée et moins épaisse que la sauce soja. La sauce soja est employée soit en ingrédient de fabrication soit en sauce d'accompagnement des sushis. Le *tamari* est une sauce très proche réalisée sans farine. Son arôme est plus prononcé que celui de la sauce soja.

> Le gingembre au vinaigre [*gari*]

Le gingembre au vinaigre est servi en accompagnement. Il doit être dégusté en petites quantités, une tranche à la fois. Il donne au palais une agréable sensation de fraîcheur et favorise la digestion. Vous pouvez le préparer vous-même, mais les produits du commerce sont de bonne qualité. Conservez-le au réfrigérateur.

> Le vinaigre de riz [su]

Il possède une saveur subtile. C'est l'un des ingrédients de la fabrication des sushis car c'est lui qui donne au riz tout son arôme. Le vinaigre de riz est un antiseptique et allonge légèrement le temps de conservation du riz. Vous le trouverez dans les épiceries asiatiques. Pour le remplacer, prenez du vinaigre de cidre ou du vinaigre de vin dilué dans un peu d'eau.

∧ Le vin de riz japonais [saké]

Le saké est la boisson nationale du Japon. Il accompagne merveilleusement les sushis et peut se boire froid ou chaud. C'est aussi un ingrédient fréquemment utilisé pour la cuisson : il attendrit viandes et poissons et renforce les saveurs. Le vin de Xérès sec est un substitut possible.

> Le vin japonais doux [*mirin*]

Connu aussi sous le nom de saké doux, le *mirin* n'est utilisé que pour la cuisson. Si vous n'en trouvez pas, remplacez-le par un mélange en parts égales de saké et de sucre en poudre. Conservez le *mirin* au frais après ouverture de la bouteille.

∨ La courge séchée [*kampyo*]

Le *kampyo* est vendu sous forme de longues lanières desséchées et cassantes. On l'utilise entier pour farcir les sushis roulés, haché pour garnir les sushis coupés ou comme lien pour maintenir ensemble les ingrédients des sushis farcis. On le trouve dans les épiceries asiatiques. Avant usage, il faut le reconstituer dans un bouillon assaisonné (ci-contre). Placez les lanières réhydratées dans un récipient hermétique et conservez-les au réfrigérateur.

∧ La préparation des *kampyo*

Lavez 30 g de *kampyo* dans de l'eau froide. Ajoutez 1 cuillerée à soupe de sel dans l'eau et laissez ramollir 15 minutes. Rincez, replongez dans de l'eau et laissez gonfler 2 heures ou une nuit. Égouttez, placez les *kampyo* dans une casserole, couvrez-les d'eau et laissez mijoter 15 minutes à couvert. Ajoutez 50 cl de bouillon *dashi* (voir page 39), 1 cuillerée à soupe de sucre en poudre, 2 cuillerées à soupe de sauce soja, portez à ébullition et faites cuire à feu doux 10 minutes. Laissez refroidir dans le bouillon, puis coupez à la longueur désirée.

∧ Les *shiitake* secs

Ces champignons intensément parfumés sont utilisés pour farcir les gros rouleaux et garnir le sommet des sushis coupés, moulés ou pressés. Ils se conserveront plus de 6 mois dans un endroit frais et aéré. Il faut les réhydrater et les assaisonner dans un bouillon avant usage (voir ci-contre). Des *shiitake* secs de bonne qualité bien reconstitués seront délicieux : charnus, fermes et parfumés, ils seront meilleurs encore que des champignons frais.

∧ Réhydrater des *shiitake* secs

Faites tremper 30 g de *shiitake* secs dans 25 cl d'eau très chaude pendant 20 minutes. Égouttez et gardez le jus de trempage. Coupez et éliminez les queues. Plongez les *shiitake* dans 25 cl de bouillon *dashi* (voir page 39) et ajoutez le jus de trempage. Portez à ébullition et faites mijoter le tout à petit feu 30 minutes. Le bouillon doit avoir réduit de moitié à la fin de la cuisson. Ajoutez 1 cuillerée à soupe de *mirin,* sortez du feu et laissez refroidir.

< Les feuilles de perilla [*chiso*]

Cette plante aromatique appartient à la famille de la menthe. Le *chiso* possède une saveur très particulière, presque piquante. On l'utilise souvent comme garniture décorative comestible pour les plateaux assortis de sushis et de sashimis.

∧ Le kelp [*konbu*]

Cette algue est cuite, salée puis séchée. Avant usage, essuyez-la avec un tissu humide, mais ne la nettoyez pas dans l'eau car vous feriez disparaître les arômes et les nutriments. Sèche, vous pouvez la conserver indéfiniment dans une boîte hermétique. Choisissez du *kombu* foncé, presque noir en feuilles assez épaisses. Délaissez les variétés vertes et fines.

V Flocons de bonite [*katsuo bushi*]

Ces petits flocons roses sont prélevés sur des blocs de filet de bonite salés, séchés et fumés (voir page 58). Ils sont indispensables pour parfumer le bouillon *dashi* (voir page 39). Des sachets de flocons prêts à l'emploi se vendent dans les épiceries exotiques et asiatiques.

< Les graines de sésame [*iri goma*]

Les graines de sésames blanches et noires sont commercialisées déjà grillées, mais leur arôme tend à disparaître. Pour leur redonner du goût, faites-les griller à feu doux dans une poêle 2 ou 3 minutes. Remuez sans arrêt pour éviter que les petites graines ne brûlent sur les bords.

∧ Le raifort blanc [*daikon*]

L'arôme subtil et piquant de cette racine en fait l'accompagnement idéal des sushis et des sahimis. Il peut être coupé en formes très décoratives ou simplement râpé (voir page 48) et servi comme garniture. Il doit être pelé et trempé dans de l'eau froide quelques heures avant usage.

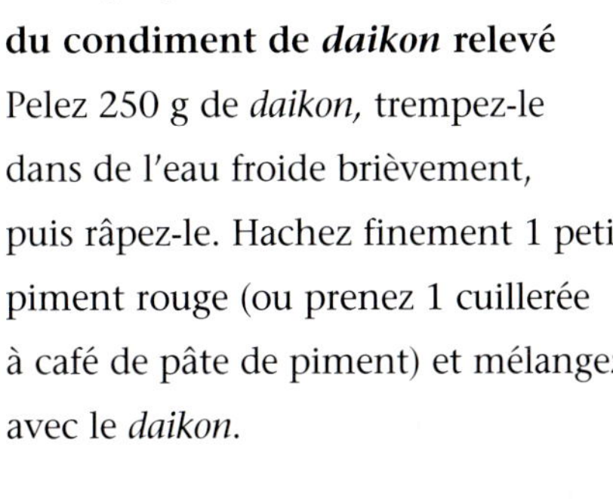

∧ La préparation du condiment de *daikon* relevé

Pelez 250 g de *daikon,* trempez-le dans de l'eau froide brièvement, puis râpez-le. Hachez finement 1 petit piment rouge (ou prenez 1 cuillerée à café de pâte de piment) et mélangez avec le *daikon.*

< La racine de lotus [*renkon*]

La racine croquante du lotus d'eau est blanche et percée de nombreuses cavités. Les racines fraîches, disponibles pendant un bref moment de l'année, sont pelées, bouillies et cuites dans une préparation au sucre et au vinaigre de riz. On la trouve en boîte ou macérée dans du vinaigre dans les épiceries asiatiques. Sous cette forme, elle ne nécessite pas de cuisson.

Les recettes de base
Kihon

La préparation des sushis n'est pas nécessairement compliquée ou très gourmande en temps de travail. La clef pour réussir des sushis sans trop d'efforts est l'organisation. Si vous séparez bien les opérations préalables de l'assemblage des sushis eux-mêmes, rien ne vous paraîtra vraiment difficile.

À la base de votre travail, se trouve la cuisson du riz à sushi, le *sushi meshi.* Les apprentis peuvent passer plusieurs années à simplement observer le chef cuire le riz avant d'être autorisés à approcher de plus près la réalisation concrète de l'opération. Dans cet ouvrage, vous trouverez une recette détaillée en plusieurs étapes simples à reproduire. Souvenez-vous que le riz peut être préparé le matin, conservé à température ambiante recouvert d'un torchon humide et utilisé dans la journée.

La plupart des techniques culinaires exposées ici vous paraîtront familières. Seules certaines préparations plus spécifiques demandent un peu de pratique. Vos premiers essais de sushi n'auront sans doute pas la perfection de ceux d'un maître confirmé, mais ils séduiront vos convives et seront certainement délicieux.

< Un bon riz à sushi est ferme, légèrement collant et parfumé. Les saveurs du sucre et du vinaigre doivent s'équilibrer. Son aspect doit être brillant.

> Les flocons de bonite séchés sont incorporés à l'eau pour préparer le *dashi,* bouillon classique de la cuisine japonaise.

La préparation du riz

Sushi meshi

Choisissez du riz rond japonais (épiceries asiatiques). Le riz est d'abord cuit nature, puis parfumé avec le vinaigre, le sucre et le sel. La règle consiste à assaisonner le riz en fonction des sushis : avec des garnitures goûteuses, le riz doit être assez salé, mais moins sucré et vinaigré. Au Japon, chaque bar à sushis possède sa propre recette de sucre et de vinaigre pour assaisonner son riz. Lorsque vous aurez préparé votre riz, placez-le dans un saladier, recouvrez-le avec un torchon humide et conservez-le ainsi jusqu'au moment où vous assemblerez les sushis. Utilisez-le le jour de la cuisson et ne le placez pas au réfrigérateur.

Ingrédients

300 g de riz rond japonais

33 cl d'eau

1 morceau de kombu *de la taille d'une carte postale (facultatif)*

Pour le mélange vinaigré

4 c. à soupe de vinaigre de riz

2 c. à soupe de sucre

½ c. à soupe de sel

Temps de cuisson

1 h 30

1 Versez le riz dans une passoire et immergez-le dans un grand saladier plein d'eau. Remuez du bout des doigts et éliminez l'eau laiteuse qui entraîne l'amidon. Continuez de laver le riz sous l'eau courante jusqu'à ce que l'eau qui s'égoutte soit bien claire. Laissez ensuite le riz s'égoutter pendant 30 minutes.

2 Si vous utilisez le *kombu,* coupez la feuille deux ou trois fois pour que ses parfums se diffusent plus facilement.

3 Placez le riz égoutté et l'eau dans une casserole à fond épais. Ajoutez, le cas échéant, le *kombu* et couvrez hermétiquement. Portez à ébullition en chauffant sur un feu moyen. Résistez à l'envie de soulever le couvercle mais écoutez attentivement pour vous assurer que le liquide soit bien en ébullition. Si nécessaire, réduisez le feu pour éviter que l'eau déborde, et poursuivez alors la cuisson pendant 3 à 5 minutes.

4 Réduisez le feu au minimum et laissez mijoter très lentement pendant 8 à 10 minutes supplémentaires. Soulevez le couvercle, laissez reposer 10 minutes et éliminez le *kombu.*

5 Mettez les ingrédients du mélange vinaigré dans une casserole en acier, faites chauffer et remuez l'ensemble jusqu'à complète dissolution du sucre. Ne laissez pas bouillir. Sortez ensuite du feu et laissez refroidir. Videz le riz cuit dans le cylindre à riz préalablement trempé dans de l'eau froide et essuyé (ou dans un saladier). Versez un peu du mélange vinaigré dans le riz.

6 Étalez le riz uniformément dans le cylindre. Continuez à ajouter le mélange vinaigré peu à peu en remuant délicatement pour ne pas briser ou écraser les grains.

7 Poursuivez cette opération jusqu'à épuisement du mélange vinaigré, toujours en remuant lentement. Le riz doit prendre un aspect brillant et être revenu à température ambiante.

Le bouillon japonais
Dashi

Le *dashi* est le bouillon de base qui permet de parfumer un grand nombre de recettes. Pour en préparer une version végétarienne, n'utilisez pas de flocons de bonite, mais doublez la quantité de *kombu*. Si vous préférez préparer un bouillon plus fort et concentré, laissez-le bouillir 10 minutes supplémentaires après l'avoir filtré.

Ingrédients

1 morceau de kombu de la taille d'une carte postale

1 litre d'eau

10 g de flocons de bonite

Temps de préparation
20 minutes

1 Prenez la feuille de *kombu* et préparez-la comme indiqué page 37. Videz l'eau dans une casserole, ajoutez le *kombu* et portez à ébullition à feu moyen. Peu avant l'ébullition, éliminez le *kombu*. Ajoutez les flocons de bonite et laissez bouillir lentement. Ne mélangez pas.

2 Stoppez la cuisson et laissez refroidir. Lorsque les flocons de bonite se seront déposés au fond de la casserole, filtrez le bouillon à travers une passoire recouverte d'un linge.

L'omelette épaisse
Dashi maki tamago

Cette omelette possède une saveur sucrée et une texture assez moelleuse. Utilisez de préférence la poêle carrée traditionnelle. Une poêle ronde classique conviendra également, mais il faudra simplement recouper l'omelette pour lui donner la forme carrée appropriée. Une fois préparée et protégée dans du papier alimentaire, vous pourrez la conserver dans le réfrigérateur.

Ingrédients

6 œufs battus

12,5 cl de bouillon dashi *(p. 39)*

1 c. à soupe de sucre

1 c. à café de sel fin

1 c. à soupe de saké

1 c. à soupe de mirin

1 c. à soupe d'huile végétale

Temps de préparation
20 minutes

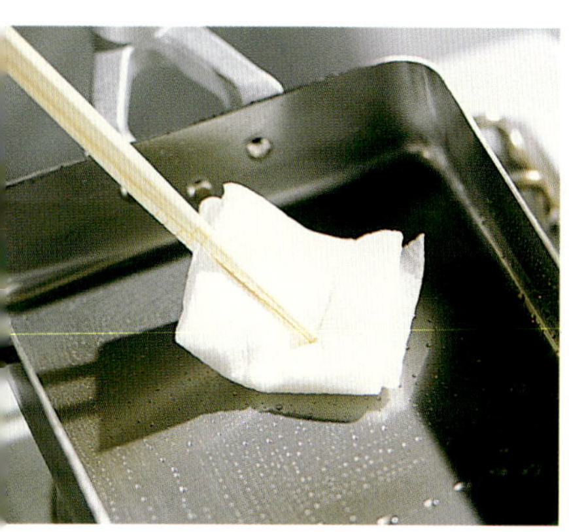

1 Mélangez les œufs battus avec tous les ingrédients de la recette à l'exception de l'huile que vous faites chauffer dans la poêle. Essuyez-en l'excès avec du papier absorbant : la surface de la poêle doit être juste brillante.

2 Versez une petite quantité du mélange préalablement obtenu dans la poêle pour en vérifier la température. S'il crépite, la poêle est assez chaude. Versez alors le tiers du mélange dans la poêle pour que le fond soit entièrement recouvert.

3 Laissez cuire à feu moyen pour que le fond soit bien pris et que les bords commencent à colorer.

4 Roulez l'omelette cuite vers vous à l'aide de baguettes de cuisson.

5 Poussez l'omelette cuite et roulée jusqu'au fond de la poêle.

7 Lorsque le fond est solide et pris, roulez l'omelette comme indiqué au point 4.

8 Donnez une forme au rouleau en le poussant vers le fond de la poêle. Répétez jusqu'à épuisement du mélange. Laissez refroidir l'omelette quelques minutes avant de l'utiliser.

6 Ajoutez un peu d'huile sur la partie maintenant découverte de la poêle. Versez du mélange pour la recouvrir. Soulevez l'omelette cuite pour que les œufs crus puissent passer par-dessous.

Les œufs brouillés
Tamago soboro

Le secret pour réussir les œufs brouillés est d'utiliser des baguettes pour les faire cuire. Cette méthode unique leur donne un aspect aéré et bien séparé inimitable. Utilisez-les pour donner des couleurs à des sushis découpés.

Ingrédients

2 œufs battus

1 c. à café de sucre

1 c. à café de sel

1 c. à café d'huile végétale

Temps de préparation
10 minutes

1 Dans un saladier, mélangez les œufs, le sucre et le sel. Faites chauffer la poêle sur feu assez vif avec l'huile. Versez le mélange dans la poêle chaude en remuant constamment avec les baguettes.

2 Lorsque les œufs commencent à prendre, retirez la poêle du feu et continuez à les mélanger pour leur donner une texture aérée et gonflée. Laissez-les refroidir dans une assiette.

L'omelette fine
Usuyaki tamago

Cette fine omelette est soit roulée et farcie avec du riz à sushi, soit finement émincée et nommée *kinshi tamago,* « fils d'or » très décoratifs sur les sushis posés sur du riz. Ces proportions permettent de préparer deux ou trois omelettes en utilisant une poêle de 18 cm de diamètre.

Ingrédients

1 c. à café de fécule de maïs

1 œuf

1 jaune d'œuf

1 c. à café de sel

1 c. à soupe d'huile végétale

Pour 2 ou 3 omelettes

Temps de préparation
5 minutes par omelette

1 Délayez la fécule de maïs dans 1 cuillerée à soupe d'eau. Versez ce mélange dans un saladier et ajoutez tous les ingrédients, sauf l'huile. Battez quelques instants avec des baguettes de cuisson. Faites chauffer l'huile dans la poêle à feu moyen et essuyez avec du papier absorbant pour en enlever l'excès. Versez alors le mélange d'œufs pour recouvrir très finement tout le fond de la poêle.

2 Lorsque l'omelette commence à prendre, décollez-la avec des baguettes (ou une fourchette), retournez-la délicatement et poursuivez la cuisson quelques instants. Ne laissez pas colorer ou cuire trop longtemps. Les œufs doivent rester d'un beau jaune vif.

3 Sortez l'omelette de la poêle et posez-la sur une natte de bambou ou une assiette recouverte de papier absorbant. Répétez toutes ces opérations pour les autres omelettes.

4 Selon la recette choisie, égalisez les omelettes pour les rouler et les farcir, ou émincez-les finement afin de réaliser les « fils d'or ».

Assaisonner le tofu frit
Abura age

Le tofu frit ou *abura age* peut être consommé sans aucune préparation préalable, mais sa saveur est bien meilleure avec un assaisonnement. Les morceaux de tofu sont coupés en deux, puis farcis de riz ou hachés pour garnir des sushis. Une fois assaisonnés, vous pourrez les conserver au moins trois jours dans un récipient hermétique placé au réfrigérateur.

Ingrédients

3 morceaux de tofu frit

½ litre de bouillon dashi *(p. 39)*

3 c. à soupe de sucre en poudre

4-5 c. à soupe de sauce soja

2 c. à soupe de saké

2 c. à soupe de mirin

Pour 6 bouchées

Temps de préparation
30 minutes

1 Ouvrez les morceaux de tofu. Séparez chaque morceau en deux moitiés égales, puis ouvrez-les pour former de petites poches. Placez-les sur une passoire en bambou et versez un peu d'eau bouillante par-dessus pour éliminer l'excès d'huile.

2 Faites chauffer tous les ingrédients dans une casserole et ajoutez les poches de tofu rincées. Laissez mijoter à feu doux pendant 15 à 20 minutes, le temps que le liquide puisse réduire. Sortez du feu et égouttez dans une passoire.

Préparer la pâte de poisson
Soboro

La pâte de poisson haché est souvent colorée en rose pâle avec de la betterave ou des colorants végétaux. Elle fait une garniture savoureuse pour les sushis roulés, décore les sushis posés sur du riz, et peut être utilisée pour préparer les sushis moulés. Au Japon, on trouve cette pâte dans le commerce, mais elle est très facile à préparer soi-même et se conserve plusieurs semaines au congélateur.

Ingrédients

200 g de filets de poisson blanc comme le cabillaud ou la plie sans peau ni arête

½ c. à café de jus de betterave ou de colorant alimentaire rose

1 c. à café de sucre en poudre

1 c. à soupe d'eau

½ c. à café de sel fin

Temps de préparation
45 minutes

1 Plongez le poisson dans de l'eau bouillante et laissez cuire 10 minutes à petit feu, puis égouttez. Placez les chairs cuites dans une poêle. Poursuivez la cuisson à feu doux 5 à 10 minutes en ne laissant pas le poisson colorer.

2 Diluez le jus de betterave ou le colorant dans un peu d'eau ou de saké. Ajoutez le poisson et mélangez pour obtenir une pâte homogène. Ajoutez le sel et le sucre.

Garnitures et décorations

Tsuma / kazari

Un vrai sushi doit être bon et beau à la fois. La carotte, le *daikon,* et le concombre peuvent être découpés en fleurs ou finement émincés. Avec un simple couteau, vous pouvez transformer un concombre en une petite branche de pin très décorative pour les sushis et les soupes. Des feuilles de *wasabi,* quant à elles, donneront une touche artistique à vos préparations de sashimis et sushis.

Équipement spécifique

Emporte-pièce en forme de fleur

Temps de préparation
Environ 5 minutes par décor

Réaliser des fleurs de carotte

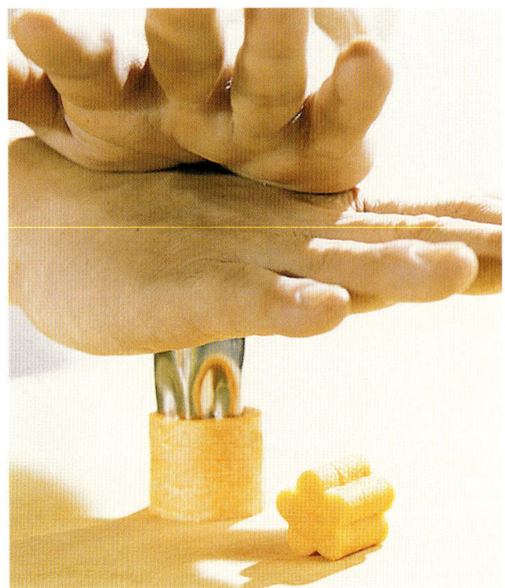

1 Pelez une petite carotte et coupez-la en tronçons de 4 cm de long environ. Avec l'emporte-pièce, découpez la carotte comme indiqué sur la photo ci-dessus. Répétez cette opération avec tous les morceaux de carotte.

2 Émincez les tronçons découpés aussi finement que possible pour former de délicates petites fleurs.

Préparer des filaments de concombre

1 Prenez un tronçon de concombre de 6 cm de haut. Coupez 1 tranche de 1 cm d'épaisseur pour former une assise. Posez le concombre sur cette entaille, puis émincez-le en fines tranches en vous arrêtant lorsque vous atteignez les pépins. Répétez l'opération de l'autre côté.

2 Empilez les tranches sur la planche et émincez-les pour former de fins filaments. Placez-les dans de l'eau froide et laissez ainsi 10 minutes. Égouttez et utilisez en décors.

Émincer la julienne de concombre

1 Prenez un morceau de 10 cm de longueur. Insérez la lame sous la peau, puis tournez le concombre pour obtenir une bande régulière et fine.

2 Découpez la bande en plusieurs morceaux, empilez-les, puis émincez le tout en une fine julienne. Faites tremper 10 minutes dans de l'eau froide, égouttez, puis utilisez comme garniture.

Le concombre en branche de pin

1 Dans la moitié d'un concombre épépiné, coupez des morceaux de 6 cm de long et 5 cm de large. Faites une série d'incisions fines dans la longueur en arrêtant la lame du couteau à 1 cm de la base du tronçon de légume.

2 Séparez le morceau de concombre en deux moitiés égales.

3 Pliez soigneusement une lamelle de concombre sur deux en les bloquant dans la base du morceau de légume. Conservez-les dans de l'eau froide, au réfrigérateur jusqu'à utilisation.

Réaliser des feuilles de *wasabi*

1 Pour préparer 4 feuilles de *wasabi,* mélangez 8 cuillerées à soupe de poudre de *wasabi* avec un peu d'eau. Prélevez le quart de la préparation et roulez-la entre les paumes de vos mains pour lui donner une forme cylindrique assez régulière.

2 Placez le cylindre ainsi préparé sur la planche à découper et écrasez l'une de ses bases. Aplatissez légèrement le reste du cylindre avec le plat de la lame d'un couteau moyen puis, avec vos doigts, donnez une forme de feuille. Le cas échéant, camouflez les crevasses avec un peu de *wasabi* ou en passant par-dessus une lame de couteau humide.

3 Avec le bord tranchant de la lame du couteau, dessinez les nervures de la feuille. Répétez ces opérations pour les autres feuilles.

Les poissons
Sakana

Les pages qui suivent vont vous aider à identifier les poissons les plus adaptés à la préparation des sushis ou des sashimis, et à les choisir en fonction de la saison durant laquelle ils sont le plus savoureux. Des conseils vous permettront également de choisir les meilleurs morceaux et la manière de les mettre en valeur.

Inutile de préciser que la fraîcheur du poisson est primordiale. Un poisson entier offre plus de garanties de fraîcheur qu'un filet ou une darne, par exemple. Dans tous les cas, voici les principaux points à observer lorsque vous choisissez du poisson.

- Les yeux : ils doivent être clairs, rebondis, transparents, jamais troubles ni concaves.
- Les ouïes : elles doivent être d'une belle couleur rouge vif, jamais noires ou brunes.
- Le corps : pressez-le délicatement, il doit être ferme et brillant, jamais mou ou collant.
- L'odeur : le poisson frais ne doit jamais sentir « le poisson » ou l'ammoniac.

Avec un peu d'habitude, vous saurez comment acheter en toute confiance. Entretenez de bonnes relations avec votre poissonnier : il sera toujours heureux de répondre à vos questions.

< Des filets frais sont humides mais pas détrempés, presque translucides et assez fermes pour être découpés sans effort.

> Avec un poisson entier, on peut évaluer la fraîcheur plus facilement. Un produit de bonne qualité doit sembler être tout juste sorti de la mer.

Le chinchard

Aji

Pour les Japonais, le chinchard fait partie de ce que l'on nomme les *hikari mono,* ou « petites choses brillantes ». Ce terme désigne en fait les poissons gras de petite taille dont la peau est bleu argenté. Le chinchard est un poisson bon marché, au goût agréable et disponible toute l'année. Cependant, hors du Japon, ses arêtes parfois nombreuses, ses aiguilles acérées, et sa saveur marquée n'en font pas un poisson très apprécié. Les pêcheurs le capturent presque par hasard sur les lignes à maquereau et le relâchent souvent. Comme tous les autres poissons gras, le chinchard peut abaisser le taux de mauvais cholestérol et avoir une action bénéfique sur le système circulatoire.

Les plaques osseuses solides et coupantes qui longent tout le flanc du poisson doivent être éliminées avant toutes préparations.

Disponibilité

On trouve treize variétés de chinchards dans les différentes eaux du monde et commercialisées sur les étals. Bien que disponible pendant toute l'année, le chinchard est meilleur à certaines époques : en Australie et au Japon, c'est pendant l'hiver qu'il est le plus savoureux, sur la côte Est de l'Amérique du Nord, c'est au printemps et en été, en Europe, c'est à l'automne.

Les filets sont souvent vendus avec la peau.
Chair rouge et ferme caractéristique.

Filets de chinchards

Comme pour tous les filets de poissons gras utilisés pour les sushis, le chinchard est toujours servi avec la peau. Sa saveur est plus douce que celle du maquereau.

Le chinchard possède un corps de couleur bleu brillant avec un dos plus sombre.

Le hareng et la sardine
Nishin / iwashi

Le hareng et la sardine sont des espèces voisines. Ces deux poissons sont très parfumés et classés en *hikari mono,* ou « petites choses brillantes » par les gourmets japonais. Le hareng et la sardine sont riches en acides gras poly-insaturés oméga 3 dont les bénéfices sur la santé sont démontrés. Cependant, tout comme le chinchard, on les rencontre rarement sur les menus des sushis bars car ils s'altèrent très rapidement après la capture. Au Japon, le hareng est apprécié pour ses œufs connus sous le nom de *kuzanoko,* ou « diamant jaune ».

Les écailles s'enlèvent très facilement.
Les filets de sardines peuvent contenir beaucoup de petites arêtes.

Les filets de hareng et de sardine

Ces filets doivent être soigneusement écaillés, mais ils sont toujours servis avec leur peau.

Disponibilité
Commercialement et économiquement, les sardines jouent un rôle très important en Amérique du Nord et peuvent être achetées toute l'année. En Europe, le hareng se trouve aussi toute l'année sur les étals mais c'est entre septembre et mai qu'il est le plus goûteux. La saison des œufs, quant à elle, s'étale pendant tout l'hiver.

Le hareng a un corps long et effilé. Il peut atteindre 30 cm de longueur.
Hareng
La tête et la queue sont ôtées lors de la mise en filets.
Sardines
Les sardines peuvent mesurer jusqu'à 25 cm, mais elles sont généralement plus petites.
Les sardines fraîches ont des yeux clairs et brillants.

La bonite
Katsuo

Parfois confondue avec de petits thons, la bonite appartient à la famille des maquereaux. Traditionnellement, on la pêche avec des lignes et non avec des filets qui endommagent le poisson et sa chair délicate. Ce poisson est l'un des nageurs les plus rapides du monde. La bonite apparaît dans presque toutes les recettes de la cuisine japonaise. On la consomme crue en sushi, marinée ou légèrement grillée en sashimi. Séchée et découpée en copeaux, elle est la base du *dashi,* le classique bouillon japonais. La bonite est souvent servie accompagnée de gingembre au vinaigre qui souligne sa subtile et riche saveur.

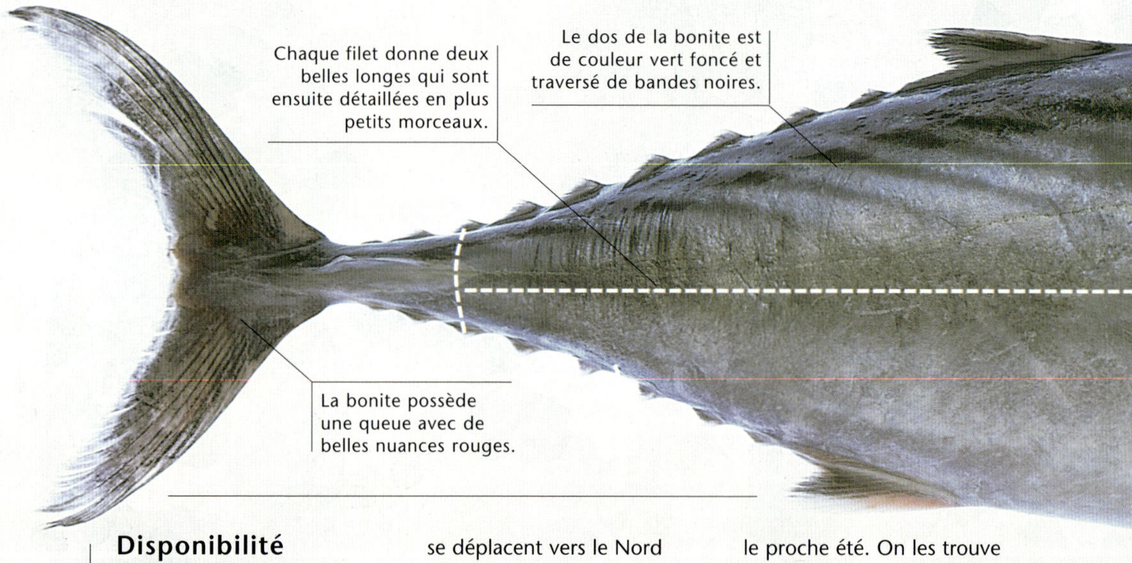

Chaque filet donne deux belles longes qui sont ensuite détaillées en plus petits morceaux.
Le dos de la bonite est de couleur vert foncé et traversé de bandes noires.
La bonite possède une queue avec de belles nuances rouges.

Disponibilité

Une variété migratoire est abondante dans les eaux chaudes du Pacifique. Dès février, les poissons se déplacent vers le Nord le long des côtes japonaises et apparaissent au menu des bars à sushis de Tokyo dès le début mai, annonçant ainsi le proche été. On les trouve en Amérique du Nord à la même époque. Les poissons que l'on achète en Europe viennent aussi du Japon.

Filets de bonite
Pour les sushis et les sashimis, la peau est laissée intacte. Le morceau est légèrement grillé, puis plongé dans de l'eau froide.
La chair est rose et colorée.
Les découpes issues du dos sont plus charnues que celles du ventre.
À la différence du thon germon, la bonite n'est pas striée sur le ventre.

Le thon rouge
Maguro

Bien que très proche du petit maquereau, un thon rouge peut atteindre 250 kg en pleine maturité. Les Japonais le classent dans la famille des poissons à chair rouge et divisent ses filets en deux énormes longes qui sont ensuite classées en fonction de leur teneur en matières grasses ; la partie la plus grasse de l'animal (le ventre) étant la plus onéreuse. Dans la plupart des bars à sushis, on trouve différentes découpes de thon : la partie pâle et tendre du ventre, celle assez grasse du dos et, enfin, la plus maigre et rouge située vers la queue. Le thon possède une saveur discrète et une texture assez tendre.

Disponibilité

On trouve différentes espèces de thon sur les étals. Dans les restaurants japonais, il est aussi proposé tout au cours l'année. En Europe c'est pendant l'été qu'on peut le déguster le plus facilement mais il est également délicieux l'hiver. Le thon est devenu un classique incontournable des sushis pressés à la main (voir pages 208-217) et aussi des sushis roulés (voir pages 184-207).

Les steaks de thon sont souvent coupés dans le dos ou la queue.

La viande située autour de l'arête centrale akami, est très maigre et colorée. Elle n'est pas très prisée par les gourmets japonais.

Steaks de thon

Évitez le thon dont la chair est devenue décolorée, grise ou desséchée car tous ces signes indiquent une fraîcheur plus que douteuse. Demandez toujours au poissonnier de vous couper une darne fraîche sur un poisson entier plutôt que d'acheter les morceaux déjà découpés.

Chair rouge foncé prélevée sur la queue du poisson.

Le *Chu toro* est prélevé sur la partie haute du dos du thon. Son parfum est à la fois riche et puissant.

La partie du thon la plus prisée est celle du ventre. Nommée *oho toro,* elle possède une belle couleur rose pâle, présente une texture persillée de gras et fond littéralement dans la bouche.

Le maquereau

Saba

Voici l'un des meilleurs poissons du marché, mais aussi l'un des plus fragiles : dès sa capture, le maquereau doit être conservé dans de la glace car il perd très rapidement sa texture et sa saveur. Avant l'apparition des moyens de transport modernes, la capitale Kyoto était bien trop loin de la côte pour pouvoir être approvisionnée en maquereau. C'est ainsi que furent inventés les sushis moulés, ancestrale méthode de conservation du poisson nommée aussi *battera*. Ce type de sushi existe encore aujourd'hui et reste assez populaire. Pour préparer les sushis pressés à la main, le maquereau doit être préalablement salé et mariné dans une préparation vinaigrée (voir pages 92-93). Il est presque toujours servi avec du gingembre haché qui équilibre sa saveur puissante.

Recherchez des poissons avec des yeux transparents et bien saillants.

Parfois, le maquereau frais peut présenter des nuances jaunes dans cette zone.

La paroi ventrale brillante et argentée doit être souple au toucher sans être molle.

Filets de maquereau

Très parfumé, le maquereau est un poisson riche en protéines et en acides gras poly-insaturés, précieux pour la santé.

La peau, aussi fine que du papier à cigarette, doit être retirée (voir page 93) car elle est souvent colonisée par les bactéries.

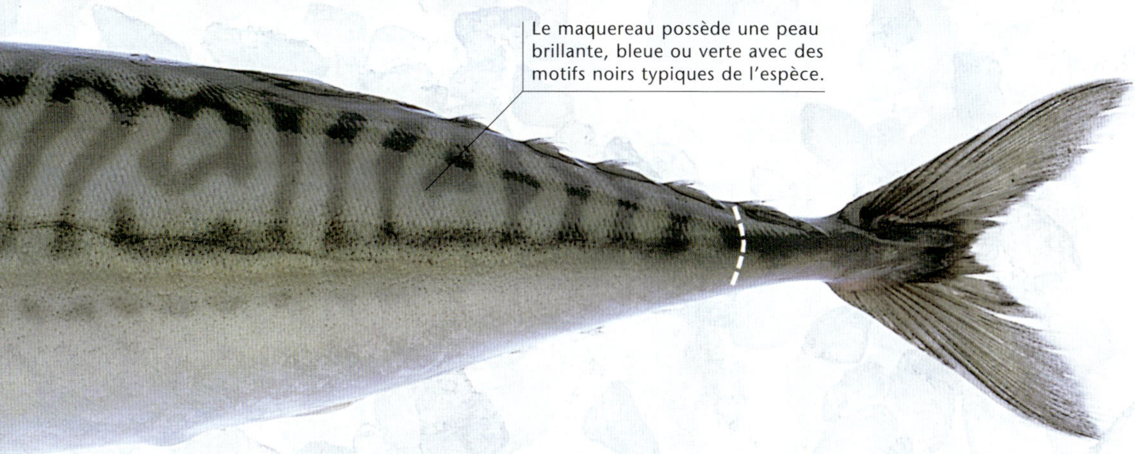

Le maquereau possède une peau brillante, bleue ou verte avec des motifs noirs typiques de l'espèce.

Disponibilité

Il existe de nombreuses variétés de maquereaux. Sur les étals du poissonnier, vous trouverez le maquereau commun et également la « lisette », petit maquereau très savoureux. La meilleure saison se situe de février à juin, période durant laquelle vous trouverez les plus beaux produits venant de la mer Méditerranée ou de l'océan Atlantique.

Le saumon
Sake

Avec sa belle chair orange, le saumon est certainement le poisson le plus reconnaissable dans un bar à sushis. Paradoxalement, ce poisson n'est presque jamais consommé cru au Japon mais généralement grillé ou préalablement salé. Il existe deux types de saumon : le pacifique et l'atlantique, au sein desquels on dénombre six variétés. Le saumon sauvage croît jusqu'à maturité dans l'océan en se nourrissant de poissons et de crustacés qui lui donnent sa couleur si particulière. Le saumon d'élevage, bien que très inférieur en qualité au saumon sauvage, est moins cher et reste d'un goût agréable. Choisissez les saumons labellisés car ils bénéficient de meilleures conditions d'élevage et de nourriture.

Le filet est prélevé sur le côté entier du saumon.

La queue du saumon sauvage est toujours irrégulière.

Disponibilité

Les deux espèces, pacifique et atlantique, sont élevées dans le monde entier. Le saumon est donc un poisson assez bon marché et disponible toute l'année. Cependant, la pollution émise par les fermes d'élevage accentue la diminution de la population des espèces sauvages, déjà fragilisée par une pêche excessive. La saison du saumon sauvage s'étale de février à août.

Filets et darnes de saumon

On les trouve détaillés chez la plupart des poissonniers. Les filets sont peut-être plus coûteux mais ils possèdent une forme plus appropriée pour la fabrication des sushis.

Les parois ventrales sont les parties les plus grasses du poisson.
La chair doit être ferme et rose, sans trous ni lésions.
En saison, le ventre du saumon est gras et bien rempli.
Les darnes sont détaillées à ce niveau du poisson.
L'intérieur des ouïes doit être rouge vif ; ne prenez pas le saumon si elles sont sombres ou décolorées.

Le saint-pierre
Mato dai

Ce poisson possède une tache noire caractéristique derrière les ouïes. Son nom provient de cette marque dont on dit qu'elle serait la trace laissée par le pouce de saint Pierre saisissant le poisson. Le saint-pierre n'est pas un poisson très fréquent dans les eaux japonaises, ce pourquoi il est rare dans les bars à sushis. Sa chair ferme et parfumée est délicieuse et convient pour confectionner tous les types de sushis. Il est très courant dans les restaurants japonais d'Australie.

Filets de saint-pierre
Ce poisson possède de très grosses arêtes et sa mise en filet est assez facile. Toutefois, les pertes sont importantes.

Les filets sont petits et coûteux.

Disponibilité

Le saint-pierre vit dans les eaux de la mer de Chine, de l'Atlantique et celles qui bordent l'Australie et la Nouvelle-Zélande. On peut le trouver toute l'année sur les étals, mais il est un peu moins savoureux de juin à août.

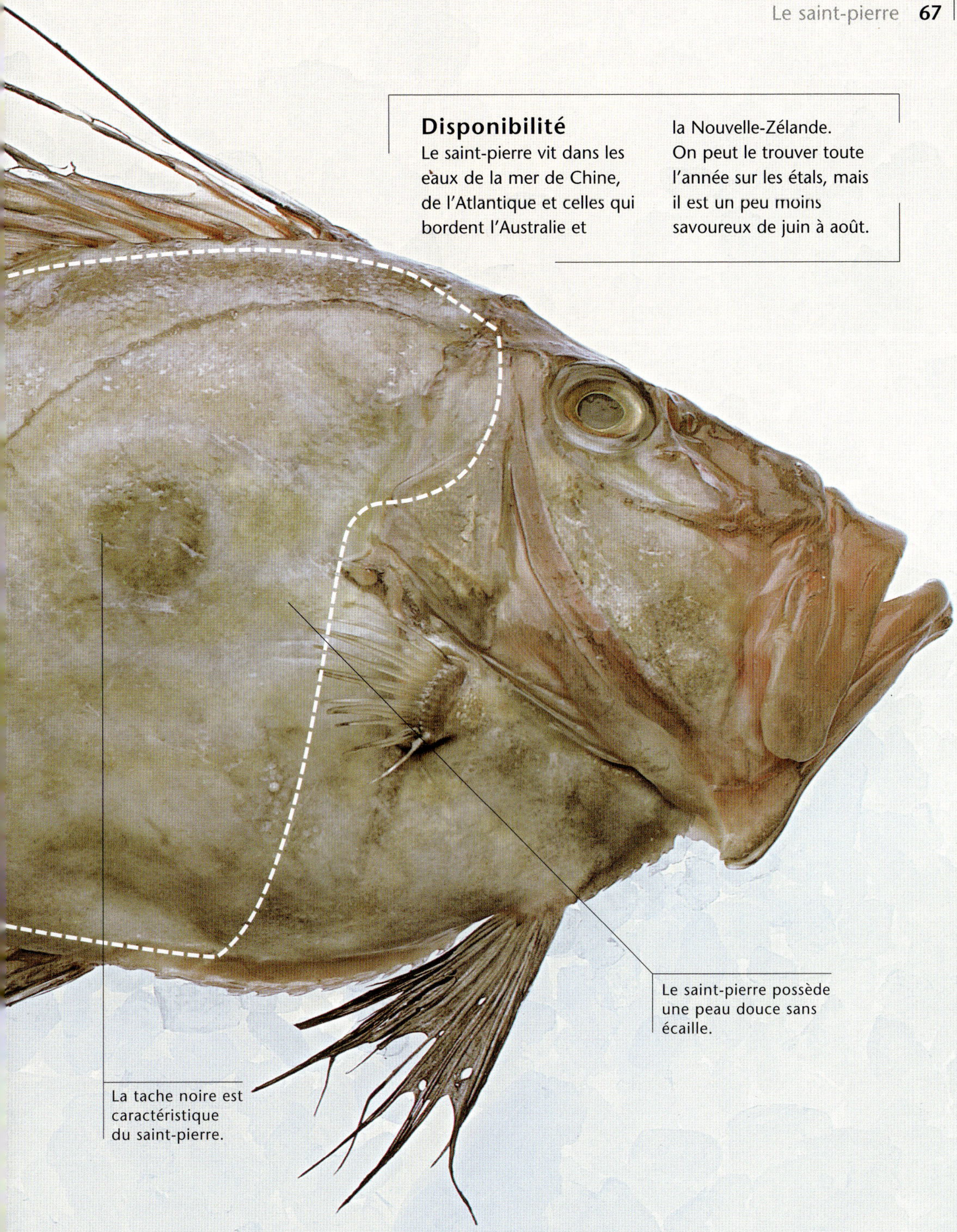

Le saint-pierre possède une peau douce sans écaille.

La tache noire est caractéristique du saint-pierre.

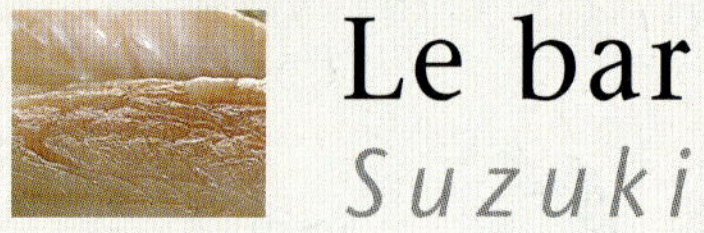

Le bar
Suzuki

Les Japonais considèrent la chair translucide du bar avec autant de gourmandise que celle de la daurade rose. Ce poisson est supposé apporter succès et chance dans la vie. Son autre nom (*shusse uo*), signifie « progrès dans l'existence » ou « poisson de l'avancement » ! Cette idée vient du fait qu'en grossissant, le bar passe par différentes étapes, de l'eau douce à l'eau de mer. À chacune de ces différentes évolutions morphologiques, correspondent des noms eux aussi différents, et ce n'est que lorsqu'il atteint sa taille adulte qu'il se nomme enfin *suzuki*. Le bar possède une chair blanche et une délicate saveur. Il est idéal pour préparer les sushis pressés à la main. Détaillé en tranches très fines, il fait de très beaux sashimis.

Recherchez des poissons aux yeux convexes et clairs.

Les écailles du bar sont solides et ne doivent pas être éliminées avant la mise en filet.

Les filets sont parfois vendus avec la peau.
La chair est claire, presque transparente, avec des reflets roses caractéristiques.

Filets de bar

En principe, les filets de bar sont épais et permettent de faire de beaux sushis.

Les nageoires et les épines sont généralement intactes sur des bars sauvages.

Disponibilité

Le bar sauvage est de saison au début de l'été au Japon, toute l'année en Amérique du Nord, à la fin de l'été en Australie et pendant l'hiver en Europe. Les bars d'élevage sont facilement disponibles et d'un prix très raisonnable. Mais leur chair et leur texture sont incomparables à celles d'un spécimen sauvage. On peut trouver du bar rayé ou du bar tacheté : ces deux espèces sont aussi délicieuses.

La daurade rose

Tai

La daurade sauvage possède des épines intactes.

Les Japonais considèrent la daurade comme le meilleur et le plus noble des poissons. La daurade, pêchée au large de l'île de Seto est supposée être la plus savoureuse de toutes. Sa chair claire avec des reflets roses et délicatement feuilletée possède une saveur des plus subtiles. On la sert entière (avec sa peau laissée intacte), grillée pour le repas de la nouvelle année, c'est l'équivalent, au Japon, de notre dinde rôtie de Noël. La demande dépasse largement l'offre et c'est la raison pour laquelle le terme japonais *tai* (qui signifie « daurade ») a été donné à des poissons qui n'en sont pas forcément. La « vraie » daurade n'est disponible qu'au Japon mais le snapper rouge, la daurade royale ou le pageot (qui sont souvent traduits par *tai*) font de bons substituts.

Disponibilité

La saison du *ma dai* japonais se situe au printemps alors qu'aux États-Unis, la daurade se pêche plutôt entre les mois de septembre et mai. En Europe, on achète les meilleures daurades de juin à novembre. On trouve également de la daurade d'élevage. Ces produits sont acceptables mais rien ne remplace la saveur du poisson sauvage.

Pour préparer les sushis, la peau est laissée intacte (voir page 94).
Filets de daurade
Ils sont très délicatement parfumés et conviennent très bien à la confection des sushis les plus variés.
La chair est ferme et délicatement feuilletée.
Les yeux doivent être clairs et brillants.
Les écailles épaisses de la daurade doivent être éliminées avant la mise en filet (voir pages 72-75).

Mise en filets des poissons ronds pour les sushis

Les Japonais nomment la mise en filet *sanmai oroshi* ou « la découpe en trois morceaux » car le résultat de cette opération se résume aux deux filets et à l'arête. Utilisez toujours un couteau très coupant et travaillez près du robinet d'eau froide. Achetez, de préférence, du poisson entier, à la fois plus économique et plus frais.

Équipement spécifique

Couteau écailleur

Sac en plastique

Paire de ciseaux

Temps de préparation
Environ 15 minutes

1 Tenez fermement le poisson par la tête et écaillez-le en remontant de la queue vers la tête sans trop appuyer pour ne pas abîmer les chairs. Placez le poisson sous un filet d'eau froide ou maintenez-le dans un sac en plastique pour éviter aux arêtes de voler en tous sens.

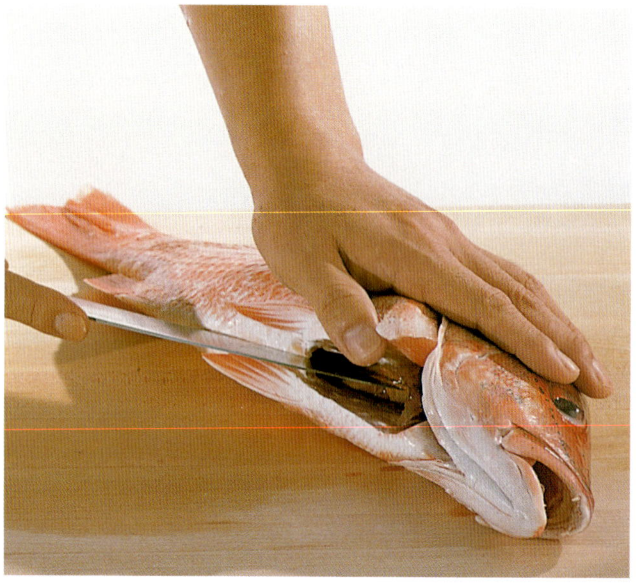

2 Insérez la pointe d'un couteau dans le ventre et ouvrez en coupant régulièrement de la base des ouïes jusqu'à la nageoire caudale. Faites attention de ne pas percer les entrailles.

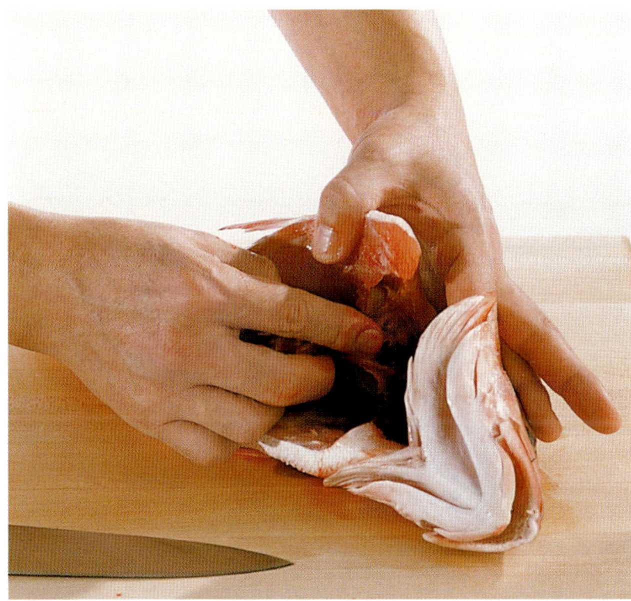

3 Avec les mains, ouvrez délicatement le poisson et éliminez toutes les entrailles en les tirant doucement de la tête vers la queue. Rincez abondamment l'intérieur du poisson avec de l'eau courante froide.

4 Posez le poisson la tête orientée vers vous. Insérez le couteau au niveau de la queue. Coupez régulièrement le long de l'arête jusqu'à la tête, en vous appuyant bien sur l'arête centrale.

5 Tenez le poisson par les ouïes et coupez les chairs, puis l'arête, en restant bien contre la tête. Retournez le poisson et coupez les chairs de la même manière pour détacher la tête. Ôtez-la.

6 Munissez-vous d'un couteau très affûté. En posant sa lame très à plat et en vous guidant constamment avec l'arête centrale, décollez peu à peu le filet en partant de la queue et en donnant de légers mouvements de va et vient au couteau. Détachez le premier filet et mettez-le de côté.

7 Retournez le poisson et répétez les opérations 5 et 6. Détachez le second filet.

8 Vous devez obtenir deux gros filets de taille et forme identiques, plus une arête.

9 En plaçant la lame du couteau horizontalement, découpez et éliminez les arêtes ventrales et la paroi intestinale qui recouvre les chairs. Passez délicatement vos mains à la surface du filet pour détecter les arêtes restantes. Le cas échéant, éliminez-les avec une petite pince à épiler. Égalisez les extrémités des filets.

10 Trempez vos doigts dans du sel. Tenez le filet par la queue et, à son extrémité la plus petite, coupez les chairs avec un couteau en vous arrêtant au niveau de la peau.

11 En tenant la lame du couteau presque parallèlement à la planche à découper, coupez très régulièrement en faisant glisser la lame entre chair et peau.

Le turbot
Hirame

Ce poisson est classé parmi les espèces plates dont les yeux sont situés sur la gauche de la tête (*hirame*). On trouve des variétés proches mais plus petites dans l'océan Indien, le sud de la mer de Chine ou au large des côtes australiennes du Queensland. Elles sont exportées au Japon. De tous les *hirame,* le turbot est le plus apprécié : sa chair délicate possède une texture ferme et un arôme succulent. En Occident, le turbot est toujours servi cuit, mais c'est un excellent poisson pour préparer des sushis.

Un poisson frais possède toujours des yeux légèrement proéminents.

Le turbot est un poisson qui se camoufle naturellement : sa couleur peut varier du gris-brun au marron très foncé.

Filets de turbot

Les bordures externes des filets sont considérées comme la délicatesse ultime de ce poisson. En effet, leur chair possède une texture presque croquante et chaque filet n'en présente qu'une petite quantité.

Demandez au poissonnier de ne pas éliminer les bords du filet.
Le dos est recouvert de petits nodules osseux.

Disponibilité

Le turbot sauvage est pêché toute l'année et on le trouve facilement sur les étals. Son prix est très élevé mais son goût et sa texture sont inimitables.
Le turbot d'élevage est maintenant très répandu, au point qu'il supplante presque la variété sauvage sur les marchés. Sa saveur est moins subtile, mais sa fraîcheur est en général excellente. Choisissez de préférence des poissons pesant plus de 1 kg car leurs chairs seront plus fermes et parfumées.

La barbue
Hirame

Autre membre de la famille des *hirame* (poissons plats ayant les yeux sur la partie gauche de la tête), la barbue est plus petite que le turbot (voir pages 76-77) et très appréciée en sushi. Il ne faut pas la confondre avec le carrelet qui lui ressemble mais dont les chairs sont plus fades et méritent d'être cuites. Pour être sûr de ce que l'on vous sert dans un bar à sushis, demandez au chef le poisson qui se cache sous la dénomination *hirame* et, dans le doute, réclamez expressément de la barbue ou du turbot.

Une barbue fraîche possède une tête charnue et brillante.

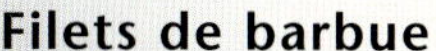

Filets de barbue

Si vous achetez de la barbue déjà découpée, insistez pour avoir les filets du dos, qui sont plus charnus.

La chair est ferme, dense avec parfois des nuances dorées.

La peau passe du vert olive au marron. Elle ne doit jamais coller.

Disponibilité

On donne le nom de barbue à plusieurs variétés de poissons plats à travers le monde. Toutes sont délicieuses en sushi. En Europe, la pleine saison de la barbue se situe entre les mois de juin et février mais, comme la plupart des poissons plats, c'est durant les mois d'hiver qu'ils sont les plus savoureux. La barbue est également consommée aux États-Unis, en Australie et en Nouvelle-Zélande.

La limande-sole
Karei

Malgré son nom, la limande-sole n'est pas une sole ! Elle est plus proche des turbots et des barbues. Les Japonais la classent dans la famille des *karei :* les poissons plats dont les yeux sont situés sur la partie droite de la tête. Parmi la famille des *karei,* la limande-sole est souvent concurrencée par le flétan, la limande ou la plie. Cependant, sa succulente chair blanche est idéale pour les sushis et les sashimis.

Filets de limande

Avec sa saveur presque sucrée et sa délicate texture, la limande-sole est un des poissons les plus employés pour les sushis au Japon et dans le monde entier.

Les filets du dos du poisson sont plus épais et meilleurs pour les sushis et les sashimis.

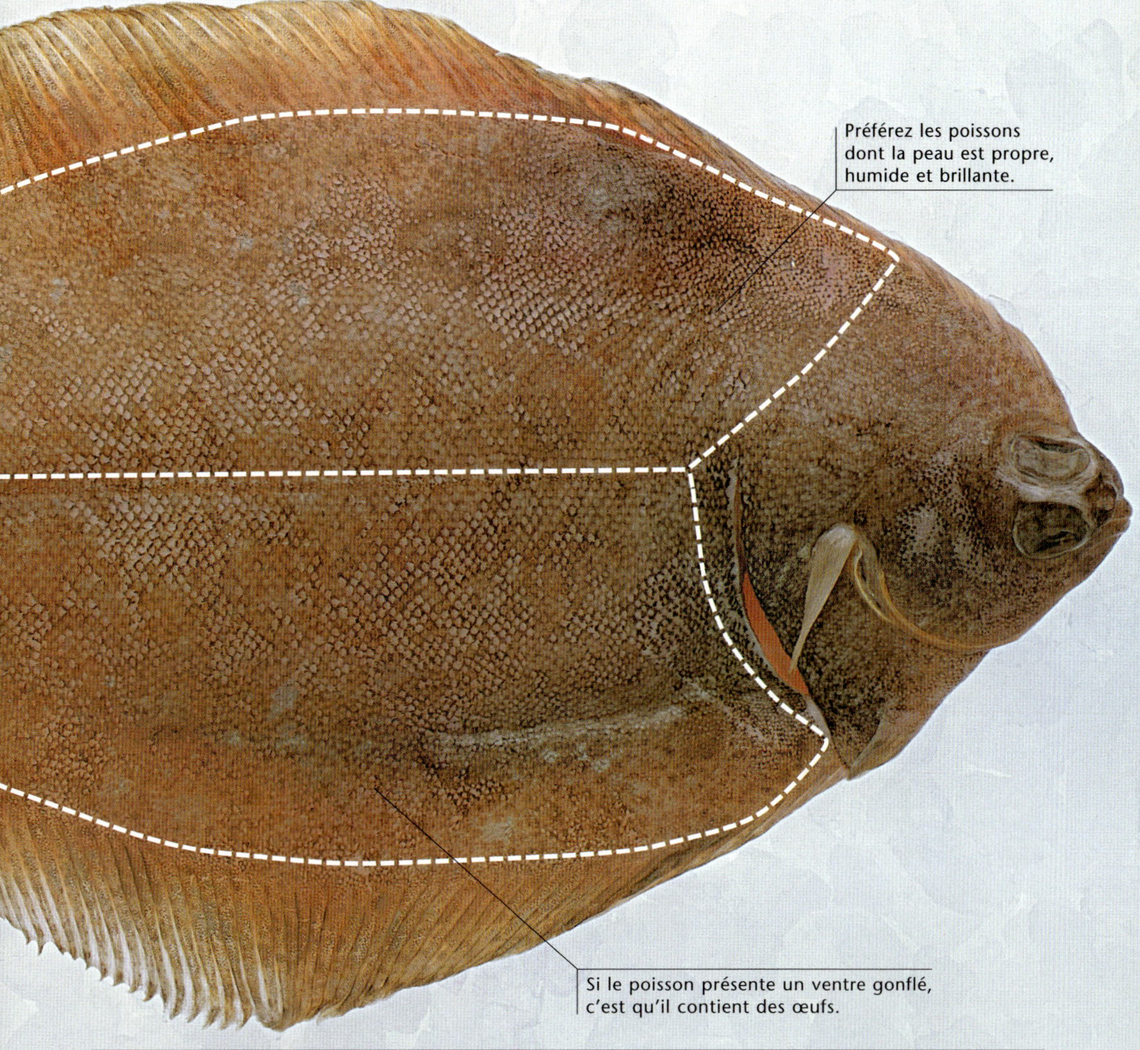

Préférez les poissons dont la peau est propre, humide et brillante.
Si le poisson présente un ventre gonflé, c'est qu'il contient des œufs.

Disponibilité

La limande-sole est très répandue dans l'Atlantique Nord, la mer du Nord et la mer de Norvège. En Europe, on la pêche toute l'année, mais c'est entre les mois de mai et de mars qu'elle est la plus savoureuse. Aux États-Unis, on la trouve toute l'année mais elle semble moins goûteuse d'avril à septembre, c'est-à-dire au moment de la ponte où la chair tend à perdre de son arôme.

Le flétan
Ohyo garei

Autre membre de la famille des *karei,* (poissons plats dont les yeux sont situés sur la partie droite de la tête), le flétan est le plus gros des poissons plats et peut mesurer jusqu'à 2 m de long; les plus gros spécimens atteignent parfois 4 m. Ce poisson possède des mâchoires puissantes et a la réputation d'être agressif lorsqu'il est capturé dans des filets. Pour vraiment pouvoir apprécier sa chair dense et ferme, au goût succulent, il faut choisir des poissons jeunes et de petite taille car, en grossissant, le flétan tend à prendre une consistance plus sèche.

Disponibilité

Le flétan est un poisson très abondant dans l'océan Atlantique, et dans l'océan Pacifique. Aux États-Unis, on le pêche de mai à septembre, et de juin à mars en Europe. Comme d'autres poissons plats de l'hémisphère Nord, il devient plus gras et savoureux pendant l'hiver.

Cette arête doit être éliminée avant de trancher la chair pour les sushis (voir pages 90-91).
Le flétan possède une mâchoire proéminente et incurvée. Son corps est plus épais que celui des autres poissons plats.

Darnes de flétan

En raison de sa taille, ce poisson est souvent vendu sous forme de darnes ou de filets.

Le flétan est vert foncé ou marron selon les eaux. Son ventre est d'un beau blanc perlé.

Mise en filets des poissons plats pour les sushis

Les chefs japonais détaillent les poissons plats en utilisant la technique de la mise en filets « cinq pièces ». Cette méthode est ainsi nommée car vous devez obtenir quatre filets de taille égale et la grosse arête. Même si les poissons plats ne possèdent pas d'écailles dures comme les poissons ronds, ils sont toujours préparés pelés pour les sushis.

Équipement spécifique

Pince à épiler

Temps de préparation
Environ 15 minutes

La limite entre la chair et la tête est matérialisée par le bord extérieur de l'ouïe.

1 Insérez la lame du couteau à 45° juste derrière l'arête centrale et sectionnez la tête. Les entrailles doivent suivre avec la tête lorsque vous la détachez du reste du poisson.

2 Placez le poisson face sombre orientée vers vous et découpez tout son pourtour en suivant la ligne arrondie des nageoires.

3 Retournez le poisson et découpez l'autre face de la même manière.

4 En commençant par la queue, coupez le poisson en son centre jusqu'à l'arête et, en vous appuyant sur celle-ci, faites une incision profonde jusqu'à la tête.

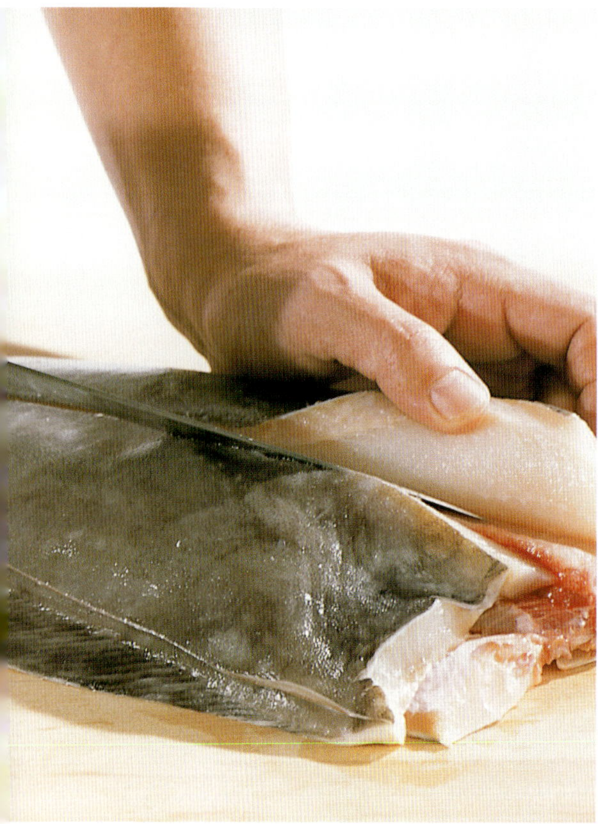

5 Tournez le poisson pour que la queue soit en face de vous. Insérez la lame du couteau dans l'incision et recherchez le contact de l'arête centrale. Lorsque vous y parvenez, détachez la chair des arêtes en inclinant la lame presque à l'horizontale et en donnant une pression régulière au couteau. Évitez les multiples petits coups de couteau qui abîment le poisson. Détachez le filet.

6 Retournez le poisson et répétez l'opération en commençant, cette fois, par la queue.

7 Les poissons plats sont parfaitement symétriques. Refaites les étapes 4 et 6 pour lever les autres filets.

8 En inclinant la lame du couteau, éliminez soigneusement la membrane stomacale qui recouvre la chair du ventre. Éliminez également les petites arêtes qui peuvent subsister à l'aide d'une pince à épiler. Égalisez légèrement les filets pour leur donner une forme régulière.

9 Vous devez obtenir quatre filets de taille assez semblable. Pour les peler, suivez les étapes 10 et 11 de la page 75.

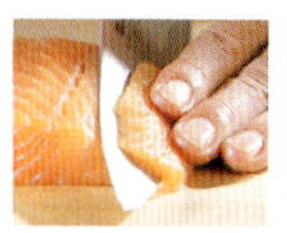

Émincer des filets
pour les sushis

Les filets de poisson sont émincés selon les types de sushis prévus. Pour les sushis pressés à la main, le filet est tranché diagonalement en fines sections, pour les sushis roulés et les gros rouleaux, ils sont coupés en tronçons carrés de 1 cm de section. Les sushis moulés sont plus faciles à préparer avec des morceaux gros et plats, et les sushis pressés demandent des lanières de taille égale. Choisissez un filet de poisson sans peau, assez large et d'une forme régulière.

Ingrédients

300 g de filet de poisson épais, sans peau (2,5 à 4 cm)

Temps de préparation
Environ 15 minutes

Pour les sushis pressés à la main, (voir pages 208-217), coupez en diagonale des tranches de 5 mm d'épaisseur. Donnez à votre couteau un angle de 45°. En maintenant le poisson avec le bout de vos doigts, découpez les petites tranches en donnant au couteau un mouvement régulier. La première des tranches sera sans doute irrégulière, gardez-la pour les sushis roulés.

Pour les sushis roulés et les rouleaux (voir pages 184-195 et 204-207), coupez le poisson comme indiqué, mais en faisant des tranches plus épaisses. Recoupez-les en long pour obtenir une section carrée de 1 cm. Pour les sushis roulés, la longueur des morceaux de poisson doit être de 6 cm.

Pour les sushis moulés (voir pages 168-183), coupez des morceaux grands et plats. Posez la main sur le filet pour le maintenir et coupez en tenant la lame parallèle. Les tranches doivent être fines et ne jamais dépasser 3 mm d'épaisseur. Utilisez un filet froid qui sera plus ferme et plus facile à découper.

Pour les sushis posés sur du riz (voir pages 132-139) et les sashimis (voir pages 240-243), coupez des tranches épaisses (1 cm).

Émincer des darnes
pour les sushis

Beaucoup de gros poissons sont vendus sous forme de darnes qui demandent un peu de préparation. Une fois que l'arête et la peau ont été retirées et que les chairs ont été taillées en pièces régulières, vous pouvez utiliser ces darnes pour toutes les variétés de sushis et de sashimis.

Ingrédients

1 darne de 250 g environ taillée dans du saumon ou du flétan

Temps de préparation
Environ 15 minutes

1 Placez la darne sur la planche à découper, peau vers le bas. Tenez la pièce fermement et coupez-la en deux moitiés à travers l'arête centrale avec un couteau très coupant.

2 Positionnez la moitié de la darne, arête vers le haut. Répétez l'étape n° 1 et éliminez l'arête.

3 Éliminez les arêtes qui peuvent encore se trouver dans les chairs (voir page 93) et, avec un couteau très affûté, ôtez les parties grasses du filet qui se trouvent près de la partie ventrale.

4 Placez le poisson côté peau vers le bas. En tenant la lame du couteau parallèle à la planche, décollez et éliminez la peau.

5 Détaillez les chairs obtenues en morceaux de 1 cm de large pour les différentes variétés de sushis.

6 Vous pouvez aussi couper le poisson dans la longueur, en lanières de la largeur d'un crayon, et les utiliser dans les sushis roulés.

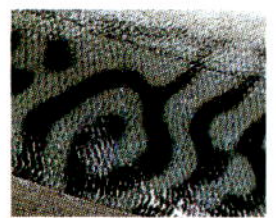

Le maquereau mariné
Shime saba

Le maquereau, un des poissons les moins chers du marché, est disponible toute l'année. Toutefois, seuls les maquereaux les plus frais peuvent être consommés car ce poisson, très fragile, se détériore rapidement après la capture. La marinade au vinaigre développe les saveurs du poisson, raffermit ses chairs, facilite son tranchage et améliore sa conservation. Vous pouvez le préparer plus de 6 heures avant son utilisation.

Ingrédients

4 filets de maquereau de 150 g chacun

8 c. à soupe de sel de mer

50 cl de vinaigre de riz

2 c. à soupe de mirin *ou 3 c. à soupe de sucre en poudre*

2 c. à café de sel fin

Temps de préparation
2 à 3 heures

1 Placez les filets de maquereau dans un grand saladier et recouvrez-les avec le sel de mer. Remuez-les délicatement pour vous assurer qu'ils sont complètement enrobés.

2 Allongez les filets sur une passoire en bambou. Laissez-les de 30 minutes à 1 heure pour permettre au jus de s'écouler. Après cela, rincez les filets sous un peu d'eau froide et épongez-les un par un avec du papier absorbant.

3 Mélangez ensemble le vinaigre, le *mirin* (ou le sucre) et le sel fin dans un récipient en plastique ou en verre assez grand pour contenir tout le poisson. Plongez les filets de maquereau dans le liquide et laissez mariner 1 à 2 heures.

4 Sortez les filets et essuyez-les avec du papier absorbant. La chair doit avoir blanchi. Pelez la membrane supérieure du poisson en commençant par la tête. Ne vous inquiétez pas si des morceaux de peau sont entraînées avec la membrane.

5 Placez les filets sur la planche à découper et parcourez les chairs avec la pointe de votre doigt pour vérifier la présence d'arêtes. Utilisez une pince à épiler pour les éliminer une à une. Au besoin, donnez aux filets une forme régulière.

Attendrir la peau du poisson
pour les sushis

Les poissons comme la daurade ou le bar possèdent une peau épaisse qui doit être blanchie afin de l'attendrir. Cette technique est appelée *matsukawa zukuri* ou « méthode pomme de pain » : avec la chaleur, la peau du poisson se rétracte et sa surface prend l'aspect d'une pomme de pain. Le blanchiment donne aussi une saveur douce au poisson. Ce principe s'applique à des filets de toute taille à condition qu'ils aient été écaillés au préalable (voir page 72).

Équipement spécifique

Passoire en bambou

Linge blanc et propre

Temps de préparation
10 minutes

1 Placez le filet de poisson peau vers le haut sur une passoire en bambou et posez le tout sur une grande assiette creuse. Couvrez le poisson avec un linge. Vous pouvez aussi mettre le poisson dans une simple passoire à condition de le recouvrir du même tissu.

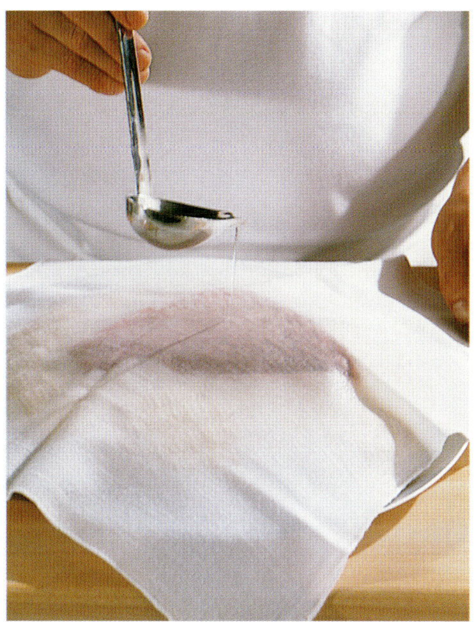

2 Portez 30 cl d'eau à ébullition. Avec une petite louche, versez délicatement l'eau bouillante sur le poisson.

3 Refroidissez le filet en le plongeant dans un saladier rempli d'eau glacée. Vous pouvez aussi employer l'eau courante si elle est froide. La chair doit avoir légèrement blanchi et la peau s'être rétractée.

4 Pour les sushis posés sur du riz ou les sashimis, coupez le filet en morceaux épais de 1 cm.

Crustacés et œufs de poisson *kai rui*

Pour préparer de succulents sushis et sashimis, il est impératif d'acheter les poissons les plus frais possible. Cette règle de base est également valable pour les crustacés. Idéalement, les crabes, les homards, les crevettes, les gambas, les coquilles Saint-Jacques, les huîtres ou les abalones doivent être achetés vifs, même si cela n'est pas toujours facile. Vous pouvez les conserver vivants deux jours au moins dans un endroit frais (5-6 °C). Voici comment reconnaître la fraîcheur des produits suivants.

• Les crevettes doivent encore bouger et avoir une couleur grise. Si elles ne sont plus vivantes, sélectionnez celles qui ont conservé leur livrée striée et colorée.

• Les coquilles Saint-Jacques, les huîtres et les abalones doivent paraître denses. Les coquilles doivent être hermétiquement fermées et non ébréchées.

• Si vous achetez du poulpe, choisissez celui dont les yeux sont clairs et transparents.

• Les oursins sont souvent vendus préparés. Dans tous les cas, leurs coraux doivent présenter une belle couleur jaune-orangée ferme et parfumée, jamais grise ou molle.

• Les œufs de poisson se conservent généralement longtemps car ils sont vendus en pot et salés. Ce sont donc des ingrédients très pratiques pour les sushis, car toujours disponibles.

< Le poulpe est rarement vendu entier hors du Japon. Seules les tentacules sont utilisées pour les sushis.

> Il faut une certaine dextérité pour extraire la précieuse huître de sa coquille, mais son goût est délicieux.

Le crabe
Kani

Le crabe (ou le tourteau), nommé *kani,* est toujours servi cuit. Le rouleau californien, une invention destinée aux palais américains, se prépare avec de la chair de crabe, de l'avocat et de la mayonnaise. C'est un sushi roulé. Les crabes achetés vivants doivent être bouillis et refroidis. Si cette opération vous paraît compliquée, préférez les tourteaux vendus cuits ou, mieux encore, la chair de crabe toute décortiquée prête à l'emploi.

Le tourteau cuit
Récupérer les chairs d'un crabe cuit n'est pas facile. Seule la partie blanche est utilisée pour les sushis.

Disponibilité

En Europe, la meilleure saison pour les tourteaux, les crabes ou les araignées de mer se situe du mois de mai au mois de décembre.

La chair de crabe décortiquée est disponible toute l'année, mais ne la confondez pas avec les bâtons de surimi.

Les pinces du crabe mâle sont plus grosses que celles de la femelle. Leur chair est blanche, fruitée et succulente.

Le tourteau femelle possède une écaille ventrale plus large. On dit que la chair des mâles est moins goûteuse.

Préparer le tourteau cuit
pour les sushis

On trouve des tourteaux cuits chez la plupart des poissonniers, mais faire cuire un tourteau est très facile. Faites bouillir une bonne quantité d'eau salée, plongez-y le tourteau et laissez-le cuire à feu moyen 6 minutes par livre. Égouttez le crabe, faites-le refroidir, puis prélevez les chairs comme expliqué ci-après. Seule la chair blanche est utilisée pour préparer les sushis.

Équipement spécifique

Pince à crustacés ou à noix

Pique métallique

Temps de préparation
15 à 20 minutes
(hormis le temps de cuisson)

1 Placez le crabe cuit, dos vers le bas, sur la planche à découper. Cassez puis détachez les pinces et les pattes du reste du corps.

2 Commencez par briser la carapace des pinces. Les fines pattes contiennent aussi de la chair, mais délaissez les plus petites qui ne méritent pas cet effort.

3 À l'aide de la pique, extrayez les chairs des pinces.

4 Avec la lame d'un gros couteau, coupez le tourteau à la jointure des carcasses inférieure et supérieure.

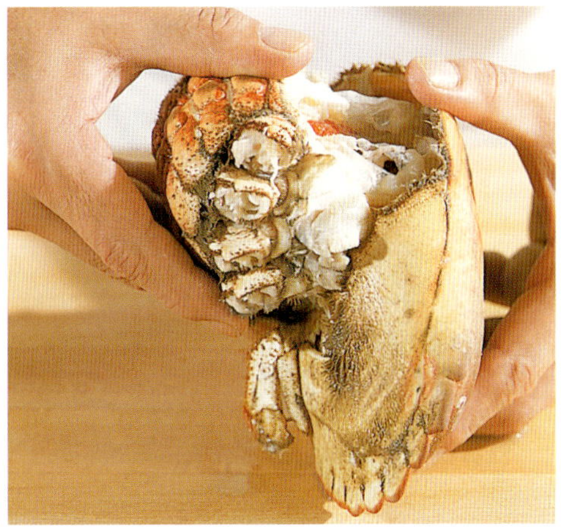

5 En la tenant fermement, détachez la carcasse inférieure du coffre.

6 La plus grosse partie de la chair blanche du tourteau est contenue dans la carcasse, alors que la chair brune est dans le coffre.

7 La chair brune et le corail peuvent être récupérés du coffre. Éliminez la membrane blanche (que vous verrez facilement) et la poche de l'estomac, située juste derrière la bouche.

8 Éliminez les ouïes grises des bords de la partie inférieure de la carcasse.

9 Tirez et éliminez la grosse écaille en la sectionnant d'un coup sec.

10 Avec un gros couteau, séparez en deux la carcasse pour pouvoir accéder à la chair blanche.

11 Commencez par récupérer la chair brune et le corail avec une pique.

12 Décollez et prélevez délicatement les fuseaux de chair nacrée de leurs gangues en éliminant toutes les petites écailles de carapace.

13 Si c'est nécessaire, brisez la carcasse en plus petits morceaux pour pouvoir prendre les chairs cachées dans les parties inaccessibles.

Le homard
Ise ebi

Considéré comme le roi des crustacés, le prix du homard rappelle à tous son rang de produit d'exception. Cependant, au Japon, il n'est pas considéré comme un ingrédient traditionnel des sushis. Sa chair, ferme et parfumée, n'est que depuis peu employée par une nouvelle génération de maîtres particulièrement inventifs. On peut utiliser de la même manière le homard et la langouste. Leur taille peut varier de 30 à 80 cm et leur poids dépasse les 3 kg. Préférez les pièces de petite ou de moyenne taille car la chair des plus gros peut devenir sèche et fade avec le temps.

Retournez le homard pour voir si sa queue est charnue.

Homard cuit

Les homards frais peuvent avoir des couleurs assez variées. Ils deviennent rouges après cuisson.

La plus grosse partie de la chair se trouve dans la queue.

Choisissez des homards ayant le moins de patelles possible.
Les pinces doivent être solides et denses.
La langouste possède deux belles antennes à la place des pinces.

Disponibilité

L'Australie et l'Amérique du Nord sont réputées pour la grande qualité de leurs homards. Aux États-Unis, c'est dans l'état du Maine qu'on les pêche en assez grandes quantités. Leur saveur est la meilleure pendant tous les mois d'été. En Europe, notamment en France, vous trouverez les meilleurs produits du mois d'avril au mois de novembre.

Préparer le homard
pour les sushis

Le homard contient des chairs blanches et des chairs brunes. Seule la partie blanche est utilisée pour préparer les sushis. Si vous achetez un homard vivant, choisissez celui qui vous paraît le plus lourd pour sa taille. Pour le faire cuire, plongez-le dans une grande quantité d'eau bouillante salée, et couvrez. Comptez 6 minutes de cuisson par livre. Vous pouvez aussi acheter du homard cuit.

Équipement spécifique

Gros couteau

Pique à crustacé ou brochette

Temps de préparation
10 à 15 minutes
(hormis le temps de cuisson)

1 La plus grande partie de la chair se situe dans la queue et dans les pinces.

2 Utilisez la lame d'un gros couteau pour briser les carapaces des pinces ou employez un casse-noix. Prélevez les chairs avec une pique à crustacé ou une brochette.

3 Tenez le homard à deux mains et détachez la queue du coffre de l'animal au niveau de la jointure.

4 Avec un couteau bien affûté, coupez la partie translucide de la carapace qui recouvre les chairs de la queue.

5 Tirez sur la carapace découpée pour l'éliminer et dégager les chairs.

6 Sortez la chair de la queue. Faites en sorte de la garder en un seul morceau.

Crevettes et gambas

Ebi

On trouve de nombreuses variétés de crevettes petites ou grandes, sauvages ou élevées. Par convention on désigne par « crevettes » les petits spécimens, alors que le terme « gambas » définit de plus grosses crevettes. En général, on les sert cuites car la cuisson leur donne un goût et une texture très agréable. La demande excède largement les prises de crevettes de pêche ; c'est la raison pour laquelle on trouve maintenant beaucoup de produits d'élevage.

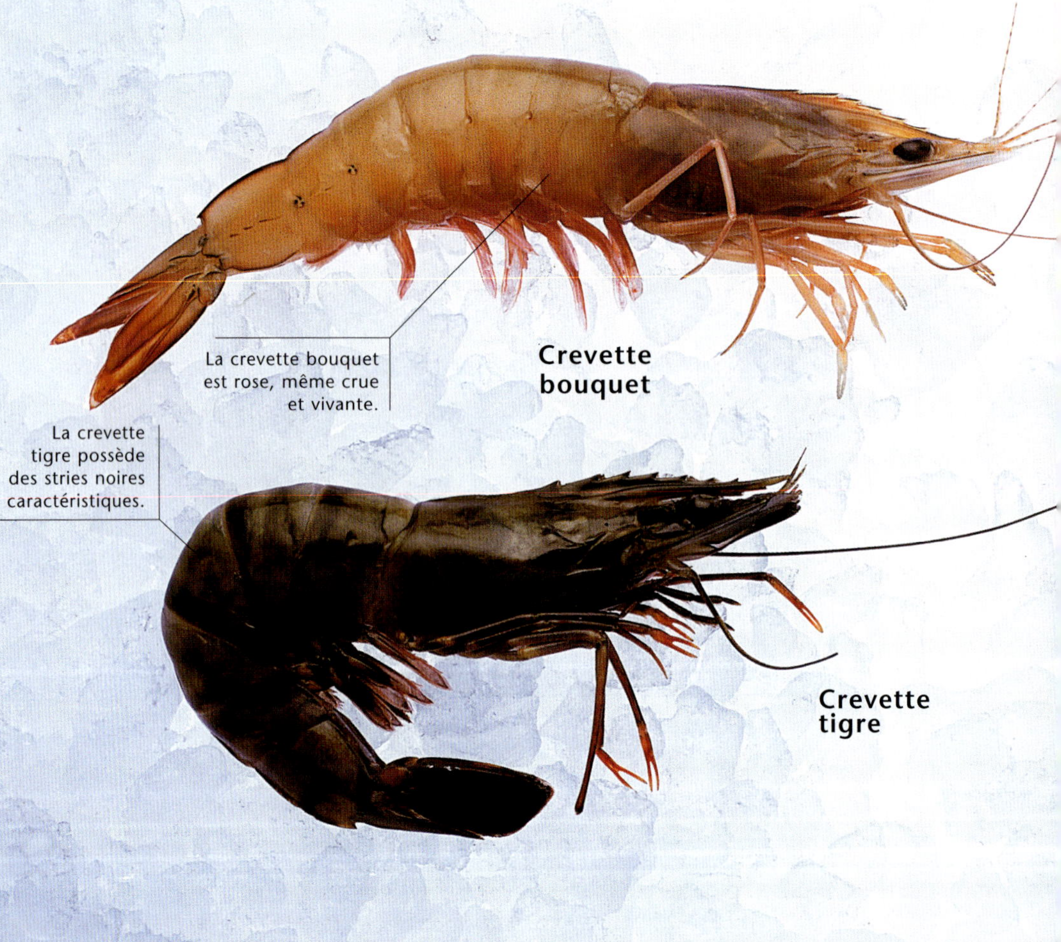

La crevette bouquet est rose, même crue et vivante.

Crevette bouquet

La crevette tigre possède des stries noires caractéristiques.

Crevette tigre

des yeux intacts
indiquent que les
gambas sont de

En cuisant, la carapace

Gambas

Les gambas cuites sont vendues décortiquées ou entières avec leur carapace intacte.

Disponibilité

Les crevettes d'élevage sont les plus grosses. Les crevettes fraîches sont disponibles presque toute l'année en Europe. Aux États-Unis, les meilleurs produits viennent des côtes de la province du Maine surtout en hiver, de novembre à mars. C'est en Australie que l'on peut voir la plus grande variété de crevettes, du mois d'avril au mois de novembre. Les crevettes servies crues (*ama ebi*) doivent être achetées préparées dans les boutiques japonaises spécialisées.

Les crevettes
possèdent toutes
de très longues
antennes.
La queue contient
la chair comestible.
La tête représente
presque la moitié
de la longueur totale
de la crevette.

Préparer crevettes et gambas pour les sushis

La chair ferme et douce des crevettes en fait un ingrédient de choix pour les sushis. Insérez une brochette de bambou le long des queues pour éviter qu'elles ne se courbent durant la cuisson. Prenez garde de ne pas trop les faire cuire car elles deviennent rapidement caoutchouteuses.

Équipement spécifique
Brochette en bambou

Temps de préparation
10 minutes

1 En tenant chaque crevette les pattes vers vous, insérez la brochette de bambou sous la carapace, au niveau de la jointure où la tête est attachée à la queue. Faites attention de ne pas endommager les chairs. Portez à ébullition une grande casserole d'eau, plongez-y les crevettes préparées et faites-les cuire à feu vif pendant 2 minutes. Égouttez et laissez refroidir sur une assiette.

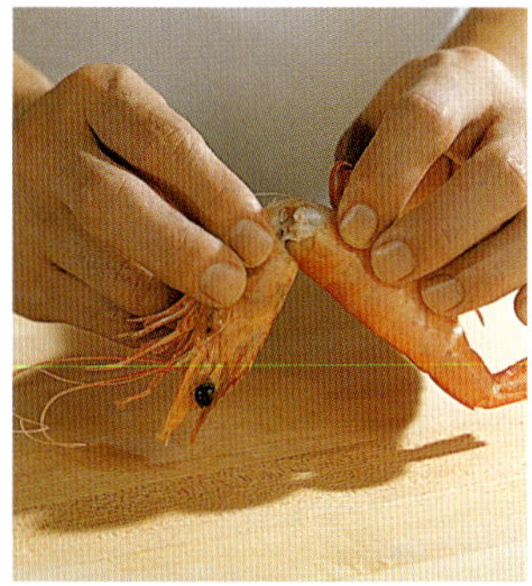

2 Ôtez la brochette de la crevette. Détachez fermement la tête du reste du corps. Éliminez-la.

3 En tenant la crevette les pattes tournées vers le haut, utilisez votre pouce pour décoller et éliminer la carapace. Gardez les chairs de la queue intactes.

4 Avec un couteau bien aiguisé, coupez la partie ventrale de la queue cuite pour atteindre la petite veine noire qui court sur toute la longueur des chairs.

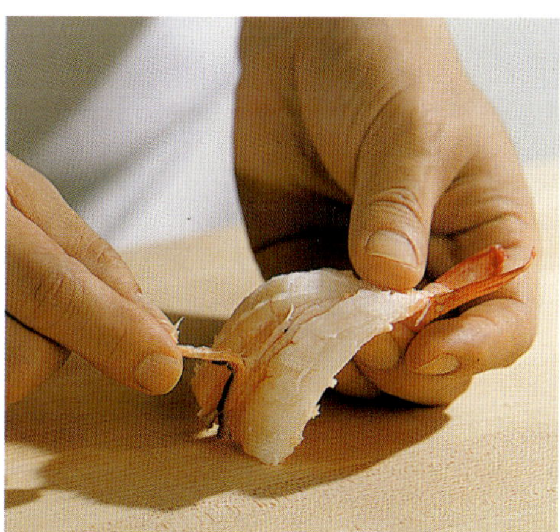

5 Avec la pointe d'un couteau ou d'une brochette, détachez et éliminez la veine. Le cas échéant, essuyez la queue pour en éliminer les traces restantes.

6 Égalisez l'extrémité des queues. Pour certains sushis comme ceux pressés à la main, vous pourrez avoir besoin de décortiquer complètement la queue.

Calmar et poulpe
Ika / tako

Le terme japonais *ika* fait référence à toutes sortes de calmars mais ce sont les *ma ika* et le *yari ika* qui sont les plus pêchés pour les sushis. Achetez toujours du calmar frais quand cela est possible. Vous pouvez aussi le congeler afin de pouvoir en disposer à tout moment. Le poulpe se nourrit de poissons et de mollusques que l'on utilise pour faire les sushis comme le crabe, le homard ou la coquille Saint-Jacques. Ce régime, exclusivement carnivore, donne au calmar son goût délicieux. Il possède une texture ferme qui se prête très bien à la confection des sushis. Les plus gros poulpes ont des tentacules assez épais qui sont plus faciles à trancher et à utiliser pour les sushis pressés à la main (voir pages 116-117).

Calmar

Les tentacules et le corps lui-même sont utilisés pour préparer de nombreuses variétés de sushis.

Poulpe

Calmar frais

Il est d'un blanc perle. Sa chair brillante possède une texture collante et ferme. Le calmar est presque toujours servi cuit.

Poulpe cuit

Pour les sushis, le poulpe est bouilli, ce qui attendrit les chairs. Sa peau grise tourne au bordeaux et sa chair blanchit après cuisson.

Seuls les tentacules sont employés pour les sushis.

Disponibilité

Le calmar et le poulpe sont disponibles presque toute l'année et sont donc très pratiques à utiliser pour confectionner les sushis et les sashimis. Cependant, c'est durant l'automne et l'hiver qu'ils sont les meilleurs en Europe et au printemps en Amérique du Nord. Dans l'hémisphère Nord, le poulpe est plus savoureux au printemps et en hiver.

Choisissez des calmars et des poulpes qui ont leurs tentacules et leur peau intacts. Ces signes indiquent qu'ils ont été bien stockés. Dans ces conditions, ils doivent être brillants et fermes. Souvenez-vous qu'il est toujours préférable de cuisiner des poulpes ou des calmars bien surgelés que les mêmes produits frais, mais de qualité médiocre.

Préparer le calmar pour les sushis

Cet ingrédient très populaire des sushis est simple à nettoyer. Choisissez les produits les plus frais qui doivent être brillants et avoir des yeux noirs et transparents. Employez la méthode ci-dessous pour préparer les sushis posés sur du riz (voir pages 132-149) ou les sushis pressés à la main (voir pages 208-217). Pour les calmars farcis en sushi, conservez le corps et les tentacules intacts.

Équipement spécifique

Linge blanc et propre

Temps de préparation
10 minutes

1 Détachez la tête et les tentacules en les tirant fermement hors du corps.

Coupez les tentacules et conservez-les au besoin. Éliminez la tête et les entrailles.

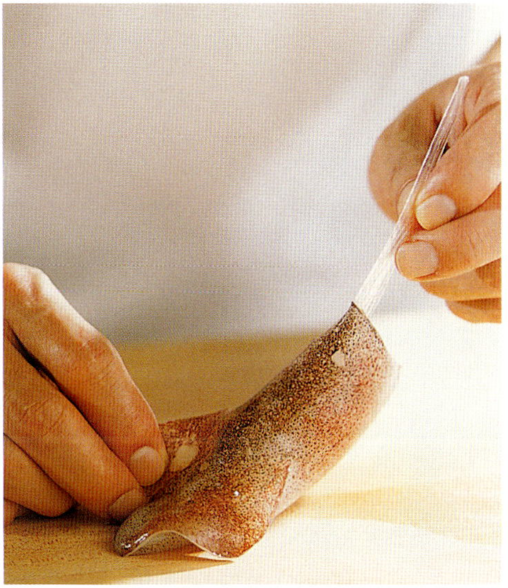

2 Éliminez le petit cartilage transparent du corps et jetez-le.

3 Si vous farcissez le calmar, conservez le corps entier et allez à l'étape suivante. Sinon, insérez un couteau dans la poche du calmar et ouvrez-la complètement.

4 Posez à plat la poche de calmar ouverte, la peau vers le haut sur une planche. Attrapez fermement les deux nageoires triangulaires et arrachez-les. Éliminez ces nageoires et la peau.

5 Avec le linge, essuyez toute la chair de calmar pour éliminer le mucus et, au besoin, le reste de peau. Si le corps du calmar doit être utilisé entier, essuyez-le bien à l'intérieur.

Préparer le poulpe
pour les sushis

Seuls les tentacules bouillis sont utilisés pour préparer les sushis. L'ébullition attendrit les chairs et donne au poulpe sa saveur douce. Pour obtenir un bon résultat et éviter que les tentacules ne deviennent caoutchouteux, la cuisson doit être lente. Le poulpe frais doit être passé au sel avant la cuisson. Nettoyez bien les ventouses et l'extrémité des tentacules qui contiennent souvent du sable.

Équipement spécifique

200 g de sel pour enrober les tentacules

Passoire en bambou

Temps de préparation
45 minutes

L'extrémité supérieure des tentacules est ferme et doit être éliminée.

1 Avec un couteau très affûté, coupez les tentacules à la base des yeux.

2 Placez les tentacules dans un bol et versez le sel. Mélangez pour bien le répartir. Cette opération attendrit et nettoie le poulpe.

3 Portez une grande casserole d'eau salée à ébullition, puis plongez-y les tentacules salés. Lorsque l'eau reprend son ébullition, réduisez l'intensité du feu et laissez mijoter très lentement pendant 10 minutes.

4 Égouttez dans une passoire en bambou et laissez refroidir un moment. La peau, très fine, doit avoir pris une teinte rose-violet. Le tentacule doit être enroulé et présenter des ventouses propres et blanches.

5 Avec un couteau, détachez les tentacules en les coupant à leur base où se situe le « bec ». Celui-ci doit être éliminé.

6 Avec la lame d'un couteau orienté à 45°, coupez les tentacules diagonalement en tranches fines (3 à 4 mm).

Ormeau, huître, coquille Saint-Jacques

Awabi / kaki / hotate gai

L'ormeau (ou abalone) est l'un des plus anciens ingrédients utilisés dans la préparation des sushis ; c'est aussi le plus cher et le plus rare. Il possède une saveur subtile et une chair assez ferme qui n'est pas appréciée par tous les gourmets. L'huître, généralement dégustée crue hors du Japon, a une saveur discrètement salée. On la sert souvent en garniture des sushis « bateaux cuirassés » (voir pages 218-221).

La chair délicatement parfumée de la coquille Saint-Jacques sert à préparer les sushis pressés à la main (voir pages 208-217). Les petites pièces sont préparées en sushis « bateaux cuirassés ».

Les ormeaux peuvent atteindre une largeur de 30 cm. En revanche, plus ils sont gros, plus ils sont durs.

Ormeau

Préférez les ormeaux ayant une tache jaune. Elle indique que le mollusque provient d'un élevage.

La coquille est tapissée de nacre.

Les huîtres fraîches doivent être hermétiquement fermées.

Disponibilité

Les Japonais adorent l'ormeau et la demande dépasse les petites quantités qui sont encore pêchées. La plupart des ormeaux proviennent d'élevages. N'achetez que ceux-ci car l'espèce sauvage est protégée. Au Japon, on les trouve toute l'année mais ils semblent meilleurs d'avril à juin. En Amérique du Nord, on les pêche sur les côtes de l'océan Pacifique. Les huîtres peuvent être mangées toute l'année mais elles sont moins parfumées de mai à août, pendant la période de reproduction. Les coquilles Saint-Jacques sont disponibles pratiquement toute l'année.

La coquille des huîtres est souvent recouverte de berniques.
Coquille Saint-Jacques
Les mollusques bien frais ferment leurs coquilles dès qu'ils sont touchés.
Huître
Seule la noix blanche est utilisée pour les sushis.
Toute la chair est comestible.

Préparer les ormeaux
pour les sushis

Au Japon, l'ormeau est considéré comme un pur délice, mais de nombreux amateurs occidentaux de sushis ne l'apprécient pas et restent réticents en raison de son goût discret et de sa texture assez ferme. La meilleure façon d'apprécier sa consistance originale et sa saveur est de le déguster cru et finement émincé.

Équipement spécifique

Couteau à huître

Torchon propre

Petite brosse

Temps de préparation
45 minutes

Coupez la chair aussi près de la coquille que possible.

1 Glissez la lame d'un couteau à huître entre la coquille et la chair et détachez le muscle en un seul morceau.

2 Délicatement, éliminez les entrailles. Essuyez les chairs avec un torchon.

3 Détachez la bouche ainsi que la partie anale d'un coup de couteau et éliminez-les.

4 Détachez les franges noires qui bordent la chair du mollusque. Lavez l'ormeau avec de l'eau froide en brossant pour éliminer tout le mucus.

5 Emincez l'ormeau en tranches horizontales et fines (3 à 4 mm d'épaisseur). Utilisez-les pour confectionner les sushis pressés à la main, les sushis posés sur du riz et les sashimis.

Préparer les huîtres et les coquilles Saint-Jacques

En raison de leur fragilité, les huîtres servent à préparer les sushis « bateau cuirassé » (voir pages 218-220). Les fines tranches de coquilles Saint-Jacques, qui possèdent une délicate saveur sucrée, sont idéales pour les sushis pressés à la main (voir pages 208-217) et les sushis posés sur du riz (voir pages 132-149). Éliminez les mollusques présentant des coquilles brisées, écaillées ou cassées.

Équipement spécifique

Couteau à huître

Torchon propre

Temps de préparation
Environ 1 minute par huître ou coquille Saint-Jacques

Prélever la chair des huîtres

1 Placez l'huître sur un plan de travail. Prenez le torchon pour protéger vos mains des coquilles souvent coupantes. Faites pénétrer le couteau par le « talon » de l'huître, là où se rejoignent les deux coquilles. Faites tourner la lame pour ouvrir le coquillage. En gardant la lame parallèle à la coquille supérieure, coupez le muscle pour, peu à peu, ouvrir l'huître. Au terme de l'opération, la coquille supérieure doit pouvoir s'ôter facilement.

2 Coupez le muscle blanc qui retient l'huître attachée à la coquille inférieure. Prélevez les chairs et utilisez-les aussitôt.

Prélever la chair des Saint-Jacques

1 Insérez la lame d'un couteau à huître (ou d'un couteau assez fin) entre les deux coquilles. Sectionnez le muscle au niveau de la coquille supérieure. Gardez la lame bien posée contre la coquille pour éviter d'abîmer les chairs.

2 Détachez la noix en glissant la lame du couteau par-dessous. Détachez-la de la coquille inférieure en coupant délicatement.

3 Tirez et éliminez les franges orangées qui bordent la noix et ne conservez que la chair blanche pour le sushi.

4 Rincez les noix dans une eau très froide, égouttez-les, essuyez-les, puis émincez-les en tranches fines (3 à 4 mm). Utilisez sans attendre.

Œufs de poisson, caviar et corail d'oursin

En raison de leur consistance molle, les œufs de poisson et le caviar sont souvent servis sous forme de sushi « bateau cuirassé », où une lanière d'algue *nori* permet à la préparation de tenir en place. Les œufs de poisson les plus fins, comme ceux du poisson volant, le *tobiko,* sont utilisés pour donner de la couleur à l'intérieur comme à l'extérieur des sushis en rouleau. Tous ces produits sont très rares et souvent vendus à des prix exorbitants.

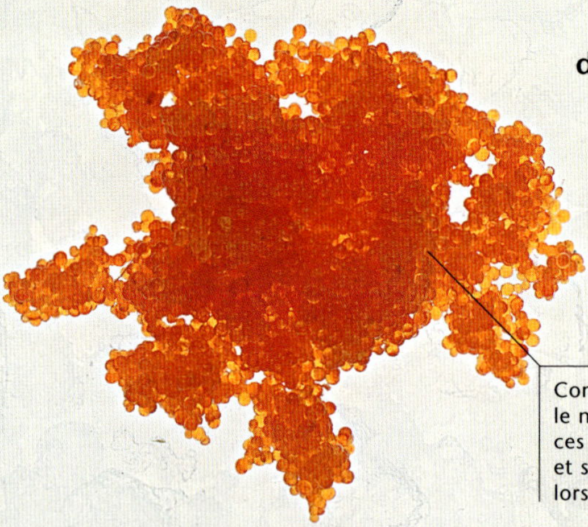

Œufs de poisson volant

Connus au Japon sous le nom de *tobiko,* ces œufs sont croquants et se brisent sous la dent lorsqu'on les déguste.

Caviar sevruga

Les œufs de l'esturgeon sevruga sont petits, gris et souvent plus salés que ceux des autres variétés.

Corail d'oursin

Produit favori des amateurs de sushis, le corail d'oursin ou *uni,* possède une subtile saveur de noisette lorsqu'il est frais. Congelé, il est un peu moins savoureux.

Disponibilité

Le vrai caviar est très cher et peu utilisé. Son usage s'est répandu plus largement grâce à de nouveaux maîtres en sushis très novateurs. Après ouverture, le caviar doit être conservé au réfrigérateur et utilisé dans les trois jours. Les œufs de saumon sont commercialisés en bocaux de verre. On peut les faire tremper pendant 2 minutes dans du saké pour individualiser les œufs. Il faut ensuite les conserver au froid et les utiliser très rapidement. Le Japon et l'Amérique du Nord sont les principales sources d'approvisionnement du corail d'oursin.

Ces œufs ne sont pas du caviar d'esturgeon. Leur couleur est noire, parfois rouge. Moins coûteux, les œufs de lump sont moins bons que le « vrai » caviar.

Œufs de hareng

Ces œufs présentent une forme assez spectaculaire et sont servis lors du repas de la nouvelle année. On les sert entiers ou émincés pour préparer des sushis pressés à la main. Leur texture est croquante.

Souvent utilisés pour préparer les sushis « bateau cuirassé », les œufs de saumon ou *ikura* ont une forme de perle et une texture presque soyeuse.

Œufs de lump

Œufs de saumon

Les autres fruits de mer pour les sushis

Les garnitures de sushis sont très nombreuses : certaines sont courantes, d'autres le sont moins. Pour commencer, vous utiliserez la plupart des poissons et des fruits de mer les plus couramment proposés dans les bars à sushis et détaillés dans cet ouvrage. Mais une fois que vous aurez acquis un peu de pratique, essayez les produits qui suivent : ils vous permettront d'élargir le nombre et la variété de vos sushis.

Le clam commun [*asari*]

Le petit clam commun n'est pas souvent employé pour confectionner les sushis mais il sert à préparer les soupes (voir page 238). Il vit sur les fonds rocheux et peut donc contenir du sable. Pour nettoyer les clams, placez-les dans un saladier avec 1 cuillerée à café de sel et assez d'eau froide pour les recouvrir. Placez au réfrigérateur pendant 2 heures, puis rincez avant usage.

Le clam Vénus [*hamaguri*]

Plus gros que le clam commun, il est disponible toute l'année. Comme les autres mollusques, le clam Vénus est meilleur pendant l'hiver et le printemps. Sa chair possède une saveur douce et délicate, délicieuse lorsqu'elle est crue, en sushi.

Le vernis [*baka gai*]

Cette variété est très proche du clam commun et possède presque le même goût. Généralement, il est servi cuit, mais on le sert maintenant cru, en sushi.

< Les clams sont très décoratifs, mais ils doivent être consciencieusement nettoyés.

Le muscle adducteur, celui qui permet la fermeture du mollusque, est aussi savoureux que le reste des chairs. C'est une spécialité rare et coûteuse.

Le clam cheval [*miru gai*]

Ce gros clam est très commun sur les côtes japonaises et d'Amérique du Nord. La chair est bonne bien qu'un peu fade. Elle ne sert qu'à préparer les soupes comme le *clam chowder* ou les farces. Pour les sushis et sashimis, on n'utilise que le long siphon qui sort de la coquille. Sa couleur est pâle et sa saveur discrète. La préparation du *miru gai* doit être laissée à des chefs confirmés car les cœurs sensibles pourraient éprouver quelques réticences. Pour prouver la fraîcheur du produit, le chef doit laisser le coquillage sur le comptoir et observer si le siphon est bien mobile. Si c'est le cas, il est tranché devant le client.

La cigale de mer [*shako*]

Cette singulière créature située à mi-chemin entre la crevette et le crabe atteint une taille de 15 cm environ. Elle est commune dans les eaux japonaises. Pour les sushis, elle est bouillie et pelée, puis assaisonnée avec une sauce soja légèrement épaissie. Sa chair est ferme avec une douce saveur de noisette. On l'utilise pour les sushis pressés à la main.

∧ Achetez le vernis et les autres mollusques chez votre poissonnier.

L'orphie [*sayori*]

Ce poisson long et fin possède un corps argenté qui mesure un peu moins de 40 cm. Sa chair transparente et blanche est savoureuse et légèrement sucrée. Traditionnellement, elle était marinée et peu utilisée en sushis jusqu'aux années 1950. De nos jours, il est courant de la voir servie en sushis pressés à la main ou en élégants sashimis.

∧ Pour pouvoir prélever la chair du crabe géant d'Alaska, utilisez une pince à crustacés.

Le crabe géant d'Alaska [*kani*]

On peut trouver ses pinces toutes cuites chez certains poissonniers, mais à des prix très élevés. Les pattes, qui doivent être ouvertes, contiennent plus de chair rouge et blanche que le corps lui-même. La chair du crabe géant d'Alaska est délicieuse en sushis pressés à la main. On la maintient en place sur le riz grâce à une lanière de *nori*. Dans la mesure du possible, achetez ce produit frais. Néanmoins, bien congelé, il est tout aussi délicieux.

L'anguille [*unagi*]

L'anguille grillée est généralement consommée le jour de la fête du bœuf. Les Japonais pensent que l'anguille grillée les garde en bonne santé pour toute une année et près de 1000 tonnes sont consommées dans une période de 24 heures. L'anguille n'est jamais mangée crue, même en sushi. Le poisson est mis en filet, puis étuvé. On le coupe ensuite en morceaux et les chairs sont mises en brochettes et marinées dans une sauce de fumet d'anguille, de sucre et de sauce soja. La cuisson se fait au gril, sur du charbon de bois. L'anguille cuite, que l'on trouve dans les bars à sushis est importée du Japon et prête à l'emploi. Elle est tendre et délicatement parfumée.

Le congre [*anago*]

Le congre devient bien plus gros que l'anguille et peut mesurer jusqu'à 3 m. Les petits spécimens sont les plus savoureux. La préparation du congre est une tâche délicate et c'est un bon test pour évaluer la qualité d'un bar à sushis. La recette est identique à celle de l'anguille. *Anago* est un ingrédient populaire des sushis mais sa chair est plus maigre et légèrement moins parfumée que celle de l'anguille. On trouve du congre toute l'année sur les étals.

La sole [*shita birame*]

Le nom japonais de la sole signifie « langue », terme qui résume la forme de ce poisson à la tête disproportionnée par rapport au reste du corps. La sole ne dépasse guère les 30 cm, mais sa saveur est délicieuse et sa texture ferme inimitable. On la trouve toute l'année.

La carangue [*hamachi*]

On trouve de nombreuses espèces de carangues dont le *yellowtail*. La variété japonaise possède une chair dorée et très peu de gras. Ce sont les jeunes sujets qui sont les plus savoureux : riche, moelleuse et délicatement parfumée cette chair est un délice à découvrir. Les muscles qui entourent les nageoires pectorales juste derrière les ouïes sont considérés comme le fin du fin et toujours réservés aux clients initiés. On les sert en sushis pressés à la main. Les connaisseurs la préfèrent même au thon.

L'espadon [*makajiki*]

La rare et exquise saveur de la chair d'espadon en fait l'un des poissons les plus recherchés pour la préparation des sushis. Il existe plusieurs variétés de *makajiki* comme le *shirokawa* ou le *kurokawa* qui ne possèdent pas de nom équivalent en français. L'espadon *makajiri* est le plus recherché ; c'est un beau poisson qui peut dépasser les 2 m. Au Japon, on le trouve en automne. Il est parfois difficile d'acheter de l'espadon frais. Évitez ce poisson s'il paraît gris, aqueux ou avec des trous dans la chair.

V En général, l'espadon vendu dans la plupart des poissonneries n'est pas assez frais pour être préparé en sushi.

Les recettes

Les sushis sur du riz

Chirashi sushis

Chirashi signifie « éparpiller »; c'est la variété de sushis la plus facile à préparer. À l'inverse d'autres types de sushis où la garniture est formée avec le riz, ici le poisson, la viande ou les légumes sont mélangés au riz cuit ou posés dessus.

On distingue deux grands types de sushis posés sur du riz. *Edomae chirashi sushi,* ou « sushi de Tokyo » consiste en quelques tranches de poisson artistiquement déposées sur un lit de riz cuit (voir pages 134-137). Pour préparer le *gomoko sushi,* ou « sushi du style Kansai », les ingrédients de la garniture sont souvent cuits, puis mélangés directement dans le riz à sushi (voir pages 138-139). Cette dernière variété est la plus étonnante car elle rappelle parfois la salade de riz. Elle est susceptible d'être adaptée aux goûts de chacun, aussi n'hésitez pas à faire vos propres recettes sans chercher à suivre à la lettre les indications qui sont fournies dans les pages suivantes.

Comme pour tous les sushis, commencez par faire cuire le riz, puis préparez les autres ingrédients. L'assemblage, qui doit être réalisé au dernier moment, ne prend que quelques instants. Notez que les temps de préparation indiqués pour les recettes ne tiennent pas compte de la cuisson du riz, que vous pouvez tenir prêt à l'avance.

< Gagnez un temps précieux en préparant tous les ingrédients à l'avance.

> Le sushi de Tokyo (voir pages 134-137) est une présentation artistique d'ingrédients les plus divers (poissons, algues, viandes) posés sur du riz à sushi.

Le sushi de Tokyo

Edomae chirashi sushi

À l'origine, cette recette était destinée à être servie en plat unique : un bol de riz accompagné de quelques tranches de poisson cru et de légumes frais. Ce plat était très populaire dans la ville d'Edo, aujourd'hui Tokyo. Il n'y a pas vraiment de règles à suivre au sujet des poissons à choisir pour cette recette ; essayez simplement de combiner des goûts et des couleurs différentes. À l'inverse de nombreux autres sushis posés sur du riz, *edomae chirashi sushi* est bien meilleur s'il est servi en bol individuel. Disposez les ingrédients comme il vous plaît, mais essayez de mélanger les formes et les couleurs de manière harmonieuse. Pour aller vite, préparez le riz et la garniture à l'avance.

Ingrédients

300 g de riz préparé (p. 36-38)

4 c. à soupe de daikon ou de concombre émincé

4 feuilles de chiso ou du cresson pour le décor

150 g de filet de thon sans peau coupé en 12 morceaux (p. 89)

1 omelette épaisse (p. 40-43) coupée en 8 lanières assez larges (1 cm d'épaisseur)

1 calmar moyen de 90 g environ nettoyé (p. 114-115) et coupé en 4 lanières

150 g de filet de saumon coupé en 8 morceaux comme pour le sashimi (p. 89)

4 crevettes (p. 110-111)

1 filet de maquereau mariné (p. 92-93) de 120 g coupé en 8

4 noix de coquilles Saint-Jacques coupées en 2

4 roses faites avec 120 g de filet de poisson blanc (p. 242)

4 c. à café d'œufs de saumon

4 c. à café de wasabi formées en feuilles (p. 51)

1 petit concombre coupé en branche de pin (p. 50)

Pour 4 personnes

Temps de préparation
1 heure

1 Remplissez chaque bol aux deux tiers de riz à sushi. Placez une petite quantité de *daikon* émincé (ou de concombre) contre la paroi de chacun des bols et posez par-dessus 1 feuille de *chiso* ou de cresson.

2 Positionnez 3 tranches de thon et 2 morceaux d'omelette en face de la feuille de *chiso* ou du cresson.

3 Roulez chaque morceau de calmar et placez-les près de l'omelette. Disposez 2 tranches de saumon près du thon.

4 Coupez la crevette pour faire deux moitiés attachées par leur extrémité et placez-la contre le poisson.

5 Disposez 2 tranches de maquereau mariné côté peau vers le haut, 2 demi-noix de Saint-Jacques et la rose de poisson blanc dans le bol.

6 Ajoutez 1 cuillerée à café bombée d'œufs de saumon et terminez avec le *wasabi* et le décor de concombre en branche de pin.

Le sushi de Tokyo : un régal pour les papilles et pour les yeux.

Sushi végétarien
Gomoko sushi

Voici l'un des sushis les plus faciles à préparer soi-même à la maison. Au Japon, on le prépare avec des chutes ou des restes de légumes. Vous pouvez l'améliorer avec des asperges ou avec une simple poignée de petits pois frais ou surgelés. Ce plat est idéal pour le déjeuner, les pique-niques et se sert aussi en entrée, pour un dîner léger. Gagnez du temps en préparant à l'avance les *shiitake*, les *kampyo* et les poches de tofu.

1 Faites blanchir les pois gourmands pendant 4 à 5 minutes. Réservez quelques pois pour le décor et hachez le reste.

2 Étalez le riz cuit dans le fond d'un plat de service ou divisez-le dans 4 bols individuels. Évitez de tasser le riz fortement.

3 Répartissez les *shiitake* émincés, le *kampyo* et le tofu sur le riz.

4 Mettez de côté quelques tranches de lotus et des fleurs de carotte pour servir en garniture. Ajoutez au riz le reste du lotus, les fleurs de carottes et les pois gourmands hachés.

5 Coupez les omelettes en fines lamelles et parsemez-les au-dessus des légumes et du riz. Décorez avec des tranches de lotus, des fleurs de carotte et des pois gourmands.

6 Avant de servir, saupoudrez le tout de *nori* émincé.

Ingrédients

30 g de pois gourmands

300 g de riz préparé (p. 36-38)

4 gros shiitake *assaisonnés (p. 31) finement émincés*

30 g de kampyo *préparés (p. 30) coupés en tronçons de 2 cm de long*

2 poches de tofu assaisonné (p. 46) finement émincé

60 g de racine de lotus finement émincées

1 carotte coupée en fleur (p. 48)

3 à 4 fines omelettes japonaises (p. 44-45)

2 feuilles de nori *finement hachées*

Pour 4 personnes

Temps de préparation
40 minutes

Le sushi végétarien : un savoureux mélange de saveurs, de couleurs et de textures.

Sushis d'œufs brouillés aux asperges

Ces sushis sont délicieux au printemps, en pleine récolte des asperges, mais vous pouvez réaliser cette recette à tout moment de l'année en utilisant d'autres légumes de saison.

1 Faites cuire les asperges à la vapeur 4 à 5 minutes. Réservez les pointes pour la garniture et hachez assez finement les queues.
2 Dans un grand saladier, mélangez le riz à sushi cuit et les asperges hachées, puis répartissez la préparation dans 4 bols individuels.
3 Répartissez les œufs brouillés sur le riz et décorez avec les pointes d'asperges cuites.

Ingrédients

500 g d'asperges pelées

300 g de riz préparé (p. 36-38)

2 œufs brouillés (p. 43)

Pour 4 personnes

Temps de préparation
40 minutes

Sushis de pois gourmands et tomates

Voici un excellent sushi à servir pour un déjeuner léger, en été. L'association des pois gourmands croquants et des tomates fondantes est très rafraîchissante.

1 Cuisez les pois gourmands et refroidissez-les dans de l'eau froide. Réservez quelques beaux haricots pour le décor et découpez tous les autres en fines lamelles.
2 Mélangez le riz cuit avec les pois gourmands coupés et les tomates dans un saladier. Répartissez la préparation dans un grand plat de service ou dans 4 bols individuels.
3 Saupoudrez de graines de sésame et décorez avec les pois gourmands gardés entiers.

Ingrédients

150 g de pois gourmands

300 g de riz préparé (p. 36-38)

150 g de tomates bien mûres, pelées, épépinées et hachées finement

1 c. à soupe de graines de sésame

Pour 4 personnes

Temps de préparation
40 minutes

Des légumes frais de saison apportent un goût délicieux.

Sushis à l'omelette hachée et aux brocolis

Ne faites pas pas trop cuire les brocolis pour qu'ils conservent leur belle couleur verte et leur texture croquante.

1 Coupez les brocolis en petits bouquets, faites-les cuire 2 minutes à la vapeur et réservez.
2 Posez les omelettes les unes sur les autres et faites-en un rouleau assez serré. Avec un couteau, découpez ce rouleau en fines lamelles. Mélangez le riz à sushi cuit avec le brocoli et les rondelles d'omelette dans un saladier.
3 Placez le riz dans un grand plat de service ou répartissez-le dans 4 assiettes individuelles.
4 Disposez le gingembre au sommet du riz. Saupoudrez avec les graines de sésame juste avant de servir.

Ingrédients

500 g de brocolis, les grosses tiges éliminées

4 fines omelettes (p. 44-45)

300 g de riz préparé (p. 36-38)

4 c. à soupe de gingembre au vinaigre, émincé

2 c. à soupe de graines de sésame grillées

Pour 4 personnes

Temps de préparation
40 minutes

Sushis aux œufs et aux champignons

Les champignons et les œufs se marient très bien dans cette recette. Utilisez des champignons *enoki* ou *shiitake*.

1 Mettez l'huile à chauffer dans une grande poêle ou dans un wok. Faites sauter les champignons pendant 2 minutes. Retirez du feu, ajoutez la sauce soja et laissez mijoter à feu doux pendant 30 secondes. Égouttez et réservez les champignons.
2 Dans un grand saladier, mélangez le riz cuit, les champignons et les graines de sésame.
3 Disposez le riz dans un plat de service ou répartissez-le dans 4 assiettes individuelles. Coupez les omelettes en fines lamelles et parsemez-les sur le riz. Décorez avec le *nori* émincé au dernier moment.

Ingrédients

2 c. à soupe d'huile végétale

500 g de champignons de Paris émincés en tranche de 1 cm d'épaisseur

1 c. à soupe de sauce soja

300 g de riz préparé (p. 36-38)

2 c. à soupe de graines de sésame grillées

4 fines omelettes (p. 44-45)

Nori *émincé, pour le décor*

Pour 4 personnes

Temps de préparation
40 minutes

Voici une présentation raffinée pour ces sushis au goût exquis.

Tomates séchées et mozzarella en sushis

Bien que très éloignée de la tradition japonaise, cette recette insolite est particulièrement délicieuse.

1 Mélangez le riz cuit, les tomates et la mozzarella dans un grand saladier.
2 Placez la préparation dans un plat de service ou dans 4 bols individuels.
3 Décorez avec de belles feuilles de basilic et servez aussitôt.

Ingrédients

300 g de riz préparé (p. 36-38)

100 g de tomates séchées, égouttées et émincées

175 g de mozzarella égouttée et coupée en cubes

1 botte de basilic

Pour 4 personnes

Temps de préparation
30 minutes

Chair de crabe, piments et citron vert en sushis

Cette recette originale combine la chair de crabe et les piments. Faites varier la quantité de piment pour adapter la recette à votre goût et n'oubliez pas le jus de citron qui équilibre les saveurs. Pour limiter le coût de la recette, achetez de la chair de crabe surgelée.

1 Mélangez le riz cuit, la chair de crabe et les piments hachés dans un grand saladier.
2 Coupez les feuilles de *nori* aux dimensions de l'assiette de service.
3 Répartissez le mélange à base de riz sur les feuilles de *nori* découpées et posées sur les assiettes de service. Versez quelques gouttes de jus de citron vert sur le riz, puis décorez avec les feuilles de coriandre et les tranches de citron vert. Servez sans attendre.

Ingrédients

300 g de riz préparé (p. 36-38)

175 g de chair de crabe

2 à 4 piments rouges sans pépins et finement émincés

4 feuilles de nori

Le jus de 1 citron vert

Les feuilles de 1 botte de coriandre

4 tranches de citron vert

Pour 4 personnes

Temps de préparation
40 minutes

Décorez le sushi aux tomates séchées avec les feuilles de basilic frais.

Filet de bœuf et oignons rouges en sushis

Dans cette recette, on utilise la traditionnelle méthode de cuisson de la bonite *tataki* pour cuire le bœuf mais elle fonctionne aussi très bien pour le thon rouge. Le bœuf est rapidement saisi à forte température pour le colorer, enfermer les parfums à l'intérieur, mais garder la viande bleue. Le bœuf est ensuite plongé dans de l'eau glacée afin d'arrêter brutalement la cuisson et d'éliminer en grande partie la graisse de cuisson. Pour gagner du temps, vous pouvez tout préparer à l'avance jusqu'à l'étape n° 5.

Ingrédients

1 oignon rouge pelé et coupé en deux

500 g de filet de bœuf

1 c. à soupe d'huile végétale

10 cl de saké

10 cl de sauce soja

300 g de riz préparé (p. 36-38)

2 oignons nouveaux hachés pour le décor

Du condiment de daikon *(p. 33)*

Sel et poivre noir fraîchement moulu

Pour 4 personnes

Temps de préparation
1 h 30

1 Coupez l'oignon en fines tranches et placez-les dans un saladier rempli d'eau froide. Laissez tremper pendant 10 minutes. Épongez le bœuf avec du papier absorbant. Salez, poivrez et laissez reposer pendant 30 minutes.

2 Dans une poêle, faites chauffer l'huile à feu vif. Posez le filet et comptez 2 minutes de cuisson par face.

3 La surface de la viande doit être bien colorée et l'intérieur bleu. Cependant, vous pouvez laisser la viande plus longtemps dans la poêle pour une cuisson plus soutenue.

4 Plongez aussitôt la viande cuite dans de l'eau glacée et laissez-la refroidir ainsi 5 minutes. Dans une assiette, mélangez le saké et la sauce soja.

5 Épongez le bœuf dans du papier absorbant et placez-le dans la sauce. Faites mariner la viande pendant 30 minutes ou, mieux, une nuit complète au réfrigérateur.

6 Sortez le bœuf de sa marinade et épongez-le à nouveau. Découpez-le en tranches de 5 mm d'épaisseur ou aussi fines que possible.

7 Remplissez chaque bol aux deux tiers avec le riz cuit et placez le bœuf par-dessus.

8 Égouttez les oignons et utilisez-les comme garniture. Répartissez les oignons nouveaux et servez avec le condiment de *daikon*.

Le bœuf saisi et bleu : un ingrédient peu conventionnel mais succulent pour des sushis originaux.

Les sushis farcis
Inari sushi

On utilise des ingrédients cuits comme les omelettes, les feuilles de chou, ou le tofu frit pour former une enveloppe pouvant contenir la farce faite de riz et d'autres ingrédients. Les sushis farcis végétariens et, plus spécialement, les traditionnels *inari sushi* qui sont préparés avec des poches de tofu frites et assaisonnées, sont des mets parfaits pour les pique-niques car ils sont faciles à transporter et se conservent parfaitement bien.

Les Japonais ont l'habitude de préparer ces sushis farcis à la maison pour les manger ensuite sous les cerisiers en fleurs au printemps, au moment où leur parfum est des plus délicats. Les farces vont d'un simple riz cuit agrémenté de quelques herbes ou un autre ingrédient de saison à des mélanges beaucoup plus élaborés. Souvenez-vous aussi que ces sushis peuvent être préparés plus de 6 heures à l'avance, ils sont parfaits pour une soirée décontractée entre amis.

< Les ingrédients cuits sont mélangés au riz et le tout est utilisé comme farce.

> Le tofu frit fait une superbe enveloppe pour de fines tranches de *shiitake* et du riz cuit.

Poches de tofu farcies
Inari sushi

Servie au déjeuner, cette forme de sushi est très populaire dans les plateaux repas. Les poches de tofu possèdent cette délicieuse saveur douce et sont succulentes même simplement garnies de riz nature. Essayez aussi les feuilles de *chiso* ou les zestes de citron : le résultat est excellent.

1 Mélangez le riz cuit, le sésame et les champignons dans un grand saladier. Remplissez ensuite les poches de tofu sans tasser avec une cuillère à soupe. Elles doivent être remplies à moitié.

2 Fermez les poches de tofu farcies en rabattant les bords vers l'intérieur et en tassant légèrement.

Ingrédients

300 g de riz préparé (p. 36-38)

2 c. à soupe de graines de sésame grillées

2 shiitake *assaisonnés (p. 31) et finement émincés*

2 poches de tofu assaisonnées (p. 46)

Pour 12 poches

Temps de préparation
45 minutes

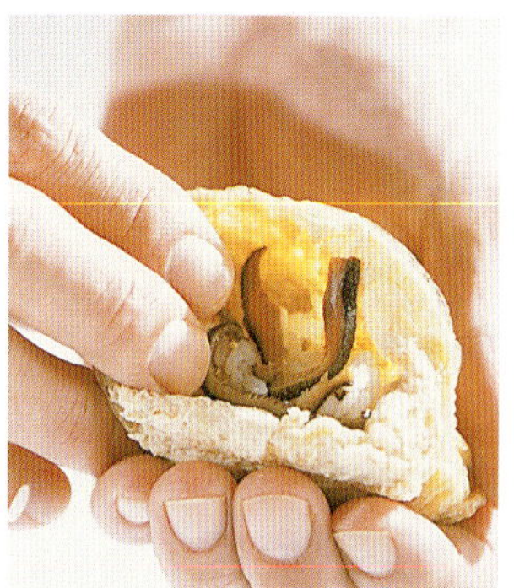

Utilisez vos doigts pour bien répartir la farce dans les poches. Évitez de trop les remplir.

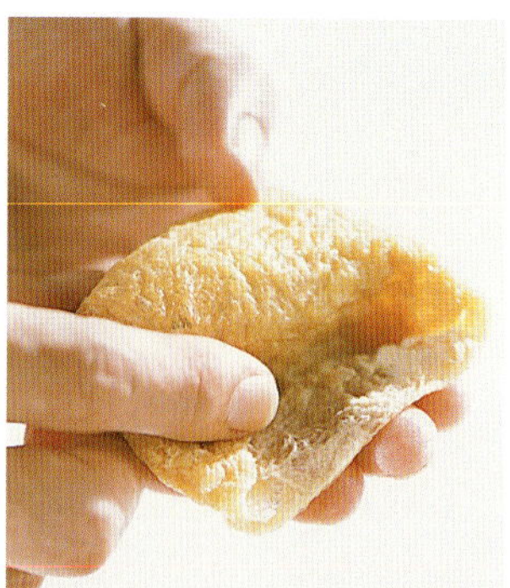

Ramenez soigneusement les bords à l'intérieur pour fermer les poches.

Des poches de tofu avec une farce toute simple sont idéales pour les pique-niques.

Sushis de calmars farcis

Ika sushi

Ici, le calmar est cuit dans un vinaigre doux, puis farci avec un mélange de riz épicé et de légumes. Vous pouvez essayer différentes farces mais le sushi de calmar est toujours servi émincé. Pour ajouter de la couleur, incorporez des haricots, des carottes, des concombres et des piments.

Ingrédients

Pour l'amazu

3 c. à soupe de vinaigre de riz

1 c. à soupe de sucre en poudre

1 c. à café de sel

Pour le calmar

2 calmars moyens avec les tentacules de 300 g environ, nettoyés

1 c. à café de sauce soja

60 g de haricots verts équeutés

300 g de riz préparé (p. 36-38)

5 cm de gingembre frais râpé

5 feuilles de chiso *hachées*

Quelques feuilles de coriandre fraîche

Pour 4 personnes

Temps de préparation
1 heure

1 Mélangez les ingrédients de l'*amazu* dans un bol. Mettez les calmars dans la sauce soja et laissez-les mijoter 2 à 3 minutes.

2 Égouttez le calmar et laissez refroidir un moment. Lorsque vous pouvez le saisir, hachez ses tentacules. Faites cuire les haricots verts 2 à 3 minutes environ, puis coupez-les en morceaux de la taille d'un petit pois.

3 Dans un saladier, mélangez le riz, les haricots verts, le gingembre, les tentacules hachés, les feuilles de *chiso* et quelques feuilles de coriandre.

4 Remplissez les calmars avec la farce ainsi préparée.

5 Tassez bien la farce à l'aide d'une paire de baguettes de cuisson ou une cuillère. Laissez reposer ensuite à température ambiante pendant 1 heure environ pour laisser aux arômes le temps de se développer.

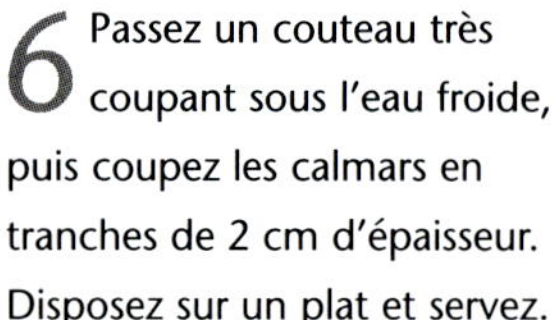

6 Passez un couteau très coupant sous l'eau froide, puis coupez les calmars en tranches de 2 cm d'épaisseur. Disposez sur un plat et servez.

Les haricots verts et les feuilles de *chiso* apportent de la couleur à cette recette.

Bouchées d'omelette
Fukusa sushi

Le *fukusa* est le petit tissu traditionnellement employé pendant la cérémonie du thé. Il est plié de différentes manières au cours du rituel qui obéit à des règles précises. Dans cette recette, c'est la fine omelette qui est pliée et farcie avec du riz, des champignons et des graines de sésame.

Ingrédients

300 g de riz préparé (p. 36-38)

8 champignons shiitake *(p. 31) finement assaisonnés*

2 c. à soupe de graines de sésame

8 omelettes fines (p. 44-45)

8 lanières de kampyo *préparées (p. 30) de 12 cm de long ou 8 tiges de coriandre*

Pour 8 bouchées

Temps de préparation
1 h 20

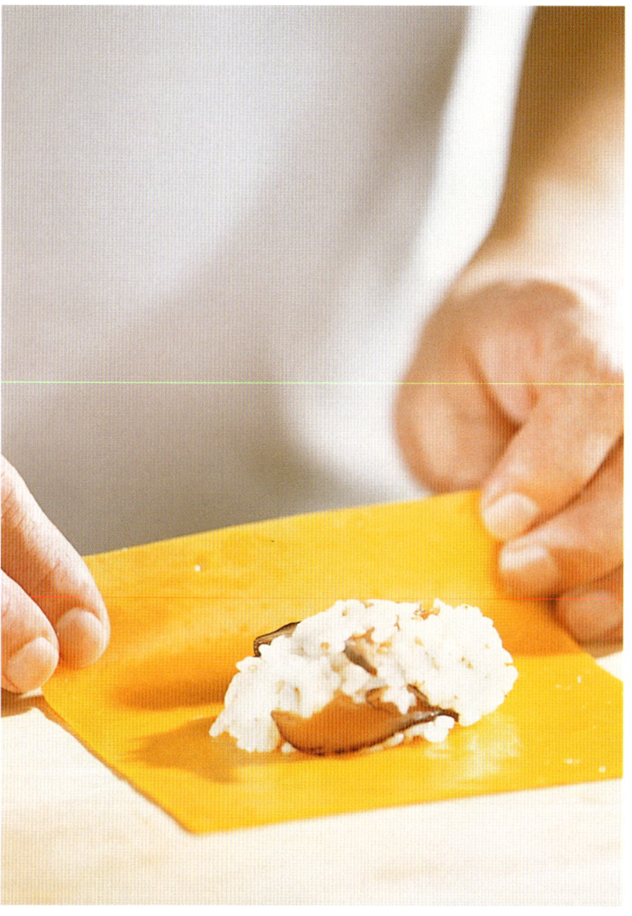

1 Dans un bol, mélangez le riz cuit, les *shiitake* et les graines de sésame. Placez 1 omelette sur une surface propre et sèche. Coupez les bords pour lui donner une forme carrée de 20 x 20 cm. Disposez 2 cuillerées à soupe de farce au riz au milieu de chaque omelette.

2 Positionnez l'omelette pour que l'un des coins soit en face de vous. Rabattez l'omelette bord à bord pour enfermer la farce.

3 Poursuivez cette opération avec les autres coins de l'omelette. Rabattez-les au centre de la préparation.

4 Façonnez maintenant la bouchée pour former un carré aussi régulier que possible.

5 Avec une lanière de *kampyo* assaisonnée ou une tige de coriandre attendrie (en passant par-dessus le dos d'un couteau), entourez et nouez la bouchée pour la maintenir en forme.

Omelettes en aumônière

Chakin sushi

L'omelette est très pratique pour envelopper diverses farces. Pour ces aumônières, on utilise un brin de coriandre qui sert de lien. Les végétariens se régaleront de ce plat simple et raffiné.

Ingrédients

300 g de riz préparé (p. 36-38)

4 shiitake *(p. 31) finement émincés*

2 c. à soupe de graines de coriandre

8 fines omelettes japonaises (p. 44-45)

8 tiges de coriandre ou de persil, de 15 cm de long

Pour 4 personnes

Temps de préparation
1 h 30

1 Dans un saladier, mélangez le riz cuit, les *shiitake* et les graines de sésame. Placez l'omelette sur le plan de travail propre et posez en son centre 2 cuillerées à soupe de farce au riz.

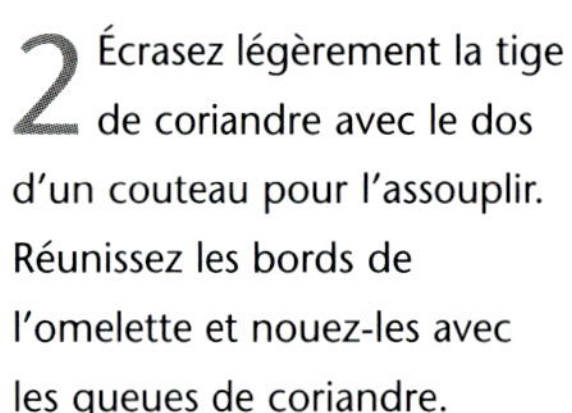

2 Écrasez légèrement la tige de coriandre avec le dos d'un couteau pour l'assouplir. Réunissez les bords de l'omelette et nouez-les avec les queues de coriandre.

Vous pouvez maintenir en place les aumônières avec des tiges d'herbes fraîches ou du *kampyo*.

Chou frisé aux herbes et au riz

Avec ses couleurs et sa texture croquante, la feuille de chou frisé est idéale pour envelopper des farces. Le chou doit être blanchi brièvement, puis immergé dans de l'eau froide pour qu'il garde sa belle teinte verte. Il est important de bien éponger les feuilles avant de les utiliser, sinon la farce s'imbibe et perd son goût. Pour préparer cette recette, inspirez-vous des indications techniques données pages 158 et 159.

1 Coupez et éliminez les grosses nervures des feuilles de chou. Portez une bonne quantité d'eau salée à ébullition et blanchissez les feuilles pendant 2 minutes. Refroidissez-les aussitôt dans de l'eau glacée.

2 Dans un grand saladier, mélangez le riz à sushi avec les herbes, les œufs brouillés et les graines de sésame.

3 Étalez 1 feuille de chou sur le plan de travail et placez 1 cuillerée à soupe de farce au milieu. Rabattez les bords de la feuille pour envelopper le riz.

4 Avec les mains, façonnez la feuille pour lui donner une belle forme.

5 Assurez la fermeture de la feuille en la piquant avec 1 ou 2 petites brochettes en bois. Répétez toutes ces opérations pour réaliser 8 portions. Rappelez bien à vos convives d'éliminer les piques en bois au moment de la dégustation.

Ingrédients

8 belles feuilles de chou frisé

150 g de riz préparé (p. 36-38)

30 g d'herbes hachées mélangées (persil, coriandre, oignons nouveaux, ou menthe)

2 œufs brouillés (p. 43)

2 c. à soupe de graines de sésame grillées

8 petites brochettes en bois

Pour 8 sushis

Temps de préparation
45 minutes

Pour un goût plus frais et agréable, choisissez des petits choux.

Rouleaux de filet de canard

Ici, le filet de canard sauté à la poêle est enveloppé dans du papier de riz thaïlandais et assaisonné avec la sauce *teriyaki*. Cette dernière peut s'acheter en flacon déjà prête, mais la préparer soi-même fait toute la différence et ne prend pas trop de temps. Servez-la comme condiment d'accompagnement. Elle se conserve plusieurs jours au réfrigérateur.

Ingrédients

Pour la sauce *teriyaki*
6 cl de mirin

6 cl de sauce soja

30 g de sucre

5 cm de gingembre frais pelé

5 cm de carotte pelée

1 oignon moyen pelé et coupé en 2

Pour les rouleaux
1 beau filet de canard

4 feuilles de papier de riz

150 g de riz préparé (p. 36-38)

½ concombre coupé en fines lanières

Pour 4 rouleaux

Temps de préparation
45 minutes

1 Mettez les ingrédients de la sauce *teriyaki* dans une petite casserole et faites chauffer lentement. Mélangez pour bien faire fondre le sucre et laissez mijoter pour obtenir une consistance sirupeuse. Comptez 20 minutes de cuisson environ.

2 Incisez plusieurs fois le filet de canard pour faciliter l'écoulement de la graisse.

3 Faites chauffer une poêle à fond épais. Mettez-y à cuire le canard côté peau 5 à 10 minutes pour le faire colorer. Retournez les morceaux et poursuivez la cuisson 3 à 5 minutes.

4 Sortez le canard de la poêle et plongez-le aussitôt dans de l'eau glacée. Sortez-le et réservez à température ambiante.

5 Faites tremper les feuilles de riz un moment dans de l'eau tiède pour les ramollir. Égouttez-les et essuyez-les sur du papier absorbant. Coupez le canard en morceaux de 5 mm d'épaisseur.

6 Étalez la feuille de papier de riz sur le plan de travail. Placez au milieu 1 bonne cuillerée à soupe de riz et aplatissez légèrement avec le dos d'un couteau.

7 Posez sur le riz quelques morceaux de concombre et de canard.

8 Ramenez les extrémités du papier de riz vers le centre et donnez une forme de rouleau avec les mains.

9 Au moment de servir, coupez le rouleau en diagonale et disposez-le sur le plat. Arrosez parcimonieusement de sauce *teriyaki.*

Cette recette est inspirée du canard laqué, servi avec ses galettes et sa sauce.

Les sushis moulés
Oshi sushi

Voici la plus ancienne méthode de préparation des sushis inspirée des traditions ancestrales de conservation du poisson par fermentation. Le riz et les autres ingrédients sont assemblés et pressés ensemble dans un moule en bois pour former un bloc qui est ensuite découpé en morceaux de la taille d'une bouchée. Jusqu'à la moitié du XIXe siècle, où furent inventés les sushis pressés à la main, tous les autres étaient pressés de cette manière. Aujourd'hui, le sushi pressé le plus populaire est préparé avec du maquereau mariné : on le consomme partout, jusque dans les aéroports où les voyageurs japonais les emportent pour les déguster au cours de leur voyage.

Les recettes qui suivent nécessitent l'usage d'une boîte en bois appropriée, mais un moule à gâteau recouvert de papier film convient aussi parfaitement. De tous les différents types de sushi, les moulés sont ceux que vous pourrez préparer le plus à l'avance. Le mieux est de les réaliser au moins 6 heures avant le repas car, de cette manière, les arômes du riz et de la garniture ont le temps de s'associer. Enveloppez chaque bloc dans du film alimentaire, laissez-le reposer à température ambiante, puis coupez-le en petits morceaux pour le service. Vous pouvez imaginer différentes garnitures pour avoir une présentation plus élégante et variée et servir vos sushis comme des canapés.

< Servez-vous d'un couteau dont la lame est très propre pour ne pas salir le riz en le coupant.

> Imaginez les présentations les plus diverses : en alternant les légumes et les poissons, vous obtiendrez un effet strié des plus raffinés.

Les sushis moulés

Oshi sushi

Tous les sushis moulés se préparent dans un moule en bois mesurant 15 cm de long, 7,5 cm de large et 5 cm de hauteur. Laissez d'abord tremper le moule pendant 15 minutes dans de l'eau froide. Maintenez-le immergé en posant par-dessus un objet lourd ou une assiette. Cette opération est importante car elle évite au riz de coller aux parois. Vous pouvez préparer cette recette à l'avance jusqu'à l'étape n° 7.

Ingrédients

1 filet de maquereau mariné (p. 92-98) de 150 g

Wasabi

150 g de riz préparé (p. 36-38)

Pour 6 sushis

Temps de préparation
30 minutes

1 Coupez le filet pour obtenir une bande aussi fine que possible. Ne jetez pas les chutes, elles servent à remplir les interstices laissés vides.

2 Coupez le filet pour qu'il puisse loger dans le moule. Couchez-le côté peau vers le bas. Bouchez les espaces sans poisson avec les chutes.

3 Couvrez tout le fond du moule avec les filets. Étalez ensuite un peu de *wasabi* sur les chairs.

4 Ajoutez le riz pour remplir le moule aux deux tiers. Utilisez vos doigts pour le répartir uniformément.

5 Placez le couvercle sur le riz et pressez fermement pour compacter le tout.

6 Retournez le moule. Avec vos pouces posés sur le couvercle, poussez légèrement pour démouler le bloc de sushi pressé sur une planche à découper.

7 Ôtez la base du moule. Enveloppez le bloc de papier film et laissez reposer pendant 6 heures à température ambiante. Ne le placez pas au réfrigérateur.

8 Avec un couteau très propre, coupez le bloc en moitiés égales.

9 Recoupez chaque moitié en 3 morceaux de taille égale pour obtenir 6 sushis. Servez avec du gingembre au vinaigre.

Le sushi moulé au maquereau est succulent servi avec du gingembre au vinaigre.

Sushis moulés au congre

Le congre ou *anago* est disponible cuit et mariné à la sauce soja. Vous le trouverez sous cette forme dans les épiceries asiatiques frais, sous-vide ou congelé. Passez-le 20 secondes au four micro-ondes pour réveiller ses saveurs et utilisez-le comme indiqué.

Suivez la recette des sushis moulés (voir pages 170-173), mais remplacez le maquereau par du congre sans ajouter le *wasabi.*

Ingrédients

250 g de congre mariné et cuit à la sauce soja

150 g de riz préparé (p. 36-38)

Pour 6 sushis

Temps de préparation
20 minutes

Sushis aux crevettes et au *nori*

Les crevettes sont délicieuses et permettent de faire une bonne garniture pour les personnes qui n'apprécient pas le poisson cru. N'oubliez pas de déposer les crevettes côté extérieur orienté vers le fond du moule.

1. Ouvrez les crevettes et couchez-les côté bombé vers le fond du moule. Parsemez de *wasabi* si vous souhaitez.
2. Recouvrez les crevettes avec la moitié du riz.
3. Coupez 1 feuille de *nori* aux dimensions du moule et posez-la sur le riz. Pressez délicatement.
4. Versez le reste du riz pour finir de remplir le moule. Posez le couvercle et pressez fermement le tout.
5. Démoulez le bloc de riz et de crevette et coupez-le en 6 morceaux égaux avec un couteau très propre.

Ingrédients

12 crevettes moyennes préparées (p. 110-111) sans carapace

Wasabi *(facultatif)*

150 g de riz préparé (p. 36-38)

2 feuilles de nori

Pour 6 sushis

Temps de préparation
20 minutes

Des sushis au congre et aux crevettes sont très couramment proposés dans les plateaux à emporter pour le déjeuner.

Sushis d'omelette et de cresson

Cette recette amène une touche d'exotisme à la combinaison désormais classique des œufs et du cresson. Ce dernier doit être de bonne qualité, car la réussite de ces sushis en dépend.

1 Tapissez le fond du moule avec l'omelette fine. Remplissez-le ensuite aux deux tiers de riz à sushi. Posez le couvercle et pressez fermement.
2 Démoulez le bloc de riz et d'omelette et coupez-le en 6 sushis avec un couteau très propre.
3 Nettoyez les tiges du cresson et décorez chaque sushi avec un petit bouquet.

Ingrédients

2 omelettes japonaises fines (p. 44-45)

150 g de riz préparé (p. 36-38)

2 bottes de cresson

Pour 6 sushis

Temps de préparation
45 minutes

Sushis d'asperge et de poivron rouge

Dans cette recette, le moule est utilisé pour former le riz, la garniture est ajoutée ensuite.

1 Faites griller le poivron rouge pour noircir la fine peau qui le recouvre. Placez-le dans un bol, couvrez avec du papier film et laissez refroidir.
2 Pendant ce temps, faites cuire les asperges 4 minutes environ, puis plongez-les dans de l'eau froide pour les refroidir.
3 Pelez le poivron grillé, ôtez les pépins et émincez-le en fines lanières.
4 Remplissez aux deux tiers le moule à sushi de riz et pressez fermement avec le couvercle pour obtenir un bloc compact.
5 Démoulez le bloc de riz et découpez-le en 6 sushis à l'aide d'un couteau propre trempé dans de l'eau froide.
6 Coupez les asperges en deux dans la longueur et ajustez-les à la longueur du bloc de riz. Placez-les sur le riz en rang et posez par-dessus les lanières de poivron pour former un motif croisé.

Ingrédients

1 gros poivron rouge

12 petites pointes d'asperges

150 g de riz préparé (p. 36-38)

Pour 6 sushis

Temps de préparation
40 minutes

Ces sushis végétariens sont colorés et satisferont tous les gourmets.

Sushis d'avocat et champignons *shiitake*

Cette recette combine des produits asiatiques et l'avocat dans un sushi tout simple. La saveur légèrement vinaigrée du riz atténue le côté parfois un peu gras de la chair d'avocat.

1 Couvrez la base du moule à sushi avec les tranches d'avocat, puis ajoutez le riz. Mettez le couvercle en place et pressez pour compacter l'ensemble.

2 Démoulez le bloc ainsi formé et découpez-le avec un couteau dont la lame est trempée dans de l'eau froide pour obtenir 6 sushis de taille égale.

3 Décorez chaque sushi avec les *shiitake* émincés.

Ingrédients

1 avocat mûr, émincé

150 g de riz préparé (p. 36-38)

6 shiitake *assaisonnés (p. 31) et émincés*

Pour 6 sushis

Temps de préparation
30 minutes

Sushis au saumon fumé et au concombre

Toute la difficulté est de bien savoir alterner les lanières de saumon et de concombre. Ce sushi fait toujours beaucoup d'effet, mais il est relativement difficile à réaliser.

1 Découpez les lanières de saumon et de concombre pour que, placées diagonalement, elles occupent parfaitement le fond du moule.

2 Remplissez aux deux tiers le moule à sushi de riz et pressez avec le couvercle pour obtenir un bloc assez compact.

3 Démoulez le bloc de riz et découpez-le en 6 sushis de taille égale à l'aide d'un couteau propre trempé dans de l'eau froide.

Ingrédients

100 g de saumon fumé coupé en lanières

15 cm de concombre coupé dans la longueur en lanières

150 g de riz préparé (p. 36-38)

Pour 6 sushis

Temps de préparation
30 minutes

Des garnitures multicolores peuvent faire de superbes sushis.

Sushis de *shiitake* et *zasai*

Ce sushi inspiré de la cuisine chinoise utilise le *zasai* (prononcez « za tsaï »), un légume vinaigré à peau verte et de texture croquante. Vous le trouverez dans les épiceries asiatiques en boîtes ou dans des jarres.

1 Faites tremper le *zasai* dans de l'eau froide pendant 1 heure environ. Égouttez-le puis émincez-le en tranches.
2 Étalez les tranches de *zasai* sur le fond du moule à sushi, puis recouvrez le tout avec la moitié du riz cuit.
3 Placez une couche de *shiitake* sur le riz cuit, puis pressez avec le couvercle. Ajoutez le reste de riz et pressez à nouveau.
4 Démoulez le bloc de riz ainsi formé et découpez-le en 6 sushis de taille égale à l'aide d'un couteau propre trempé dans de l'eau froide.

Ingrédients

100 g de zasai *au vinaigre*

150 g de riz préparé (p. 36-38)

8 shiitake *assaisonnés (p. 31) et émincés*

Pour 6 sushis

Temps de préparation
30 minutes

Sushis de bar au *chiso*

Le piment utilisé ici relève agréablement le goût de ce délicat sushi. Essayez de couper le bar très finement pour que l'on puisse distinguer la belle couleur du *chiso* au travers.

1 Tapissez le fond du moule à sushi humidifié avec une couche de très fines tranches de bar. Posez par-dessus les feuilles de *chiso.*
2 Ajoutez tout le riz à sushi, posez le couvercle par-dessus et pressez un moment pour compacter l'ensemble.
3 Démoulez le bloc de riz au bar et au *chiso* et coupez-le en 6 sushis de taille égale avec un couteau trempé dans de l'eau froide.
4 Décorez chaque sushi avec 1 rondelle de piment.

Ingrédients

120 g de filets de bar finement émincé (p. 88-89)

150 g de riz préparé (p. 36-38)

10 feuilles de chiso

1 piment rouge sans pépin coupé en rondelles

Pour 6 sushis

Temps de préparation
30 minutes

Le sushi de bar au *chiso* et celui de *shiitake* et *zasai.*

Sushis pour les enfants
Kodomo sushi

Les enfants, eux aussi, ont droit à leur spécialité de sushis ! Commencez par proposer les garnitures appréciées des plus jeunes comme le jambon, le fromage ou le saumon fumé. Et utilisez des emporte-pièce de pâtisserie pour créer des formes amusantes. Gardez les chutes pour d'autres recettes.

1 Humidifiez les emporte-pièce pour éviter qu'ils ne collent au riz. Utilisez du riz pour remplir le premier emporte-pièce (voir ci-dessous). Coupez un morceau d'omelette dans la forme correspondante et posez-la sur le riz. Répétez toute cette opération avec un emporte-pièce de forme différente et en utilisant le saumon fumé. Remplissez le troisième moule du reste de riz et posez par-dessus le *soboro* en garniture.

2 Décorez chaque sushi avec des rondelles de concombre.

Utilisez le dos d'une cuillère pour tasser le riz dans l'emporte-pièce.

Maintenez le riz en place lorsque vous enlevez l'emporte-pièce.

Ingrédients

300 g de riz préparé (p. 36-38)

1 fine omelette japonaise (p. 44-45)

30 g de saumon fumé

Soboro
(suivre la recette p. 47, en divisant les quantités par 2)

Quelques rondelles de concombre pour le décor

Autre garniture nécessitant ⅓ du riz pour former 8 sushis par recette

1 œuf brouillé (p. 43)

8 tranches de fromage

60 g de jambon

Pour environ 24 sushis

Temps de préparation
45 minutes

Les sushis pour enfant sont aussi amusants à préparer qu'à déguster.

Les sushis roulés
Maki sushi

Très fréquents dans les réceptions ou les cocktails, les sushis roulés sont immédiatement reconnaissables. Ils sont constitués de riz, de poisson, de légumes ou d'omelettes roulés dans une feuille de *nori*. On les nomme aussi *nori maki*. Il en existe de nombreuses variétés : les *hoso maki* ne contiennent qu'un seul ingrédient comme le thon ou le concombre; les *futo maki* sont de gros rouleaux et se présentent avec plusieurs garnitures qui combinent textures, goûts et couleurs; les *uramaki* ont la particularité d'avoir leur riz à l'extérieur et les algues à l'intérieur; enfin, les *teka maki* ont une forme de cornet et sont roulés à la main.

Une fois préparés, les sushis roulés doivent être dégustés sans attendre car la feuille de *nori* absorbe l'humidité et devient molle très rapidement. De plus, le riz a tendance à gonfler légèrement et peut vite déchirer la fragile enveloppe d'algue. Dans le cas des *uramaki*, l'attente n'a pas d'importance car l'algue est à l'intérieur du sushi. Les sushis roulés sont faciles à préparer et les Japonais les confectionnent souvent eux-mêmes à la maison. Avec un peu d'habitude et une natte spéciale, vous n'aurez aucun mal à exécuter de magnifiques sushis roulés. Pour gagner du temps, vous pouvez préparer le riz et les garnitures à l'avance.

< Une fois que vous maîtriserez la technique, essayez de combiner textures, formes et couleurs pour obtenir de beaux rouleaux.

> Les sushis roulés à la main sont faciles à faire. Vous pouvez aussi proposer les garnitures à part et laisser les convives les composer à leur guise.

Petits sushis roulés

Hoso maki sushi

Voici la forme originelle – ou supposée telle – des sushis roulés. Ils peuvent être garnis de thon, de concombre ou de *kampyo* assaisonné. À vous de choisir ! Lorsque vous saurez faire ces rouleaux, les autres variétés vous paraîtront encore plus simples. Ces élégants sushis, de la taille d'une bouchée, sont délicieux et feront le succès de vos cocktails.

Ingrédients

Pour l'eau vinaigrée
2 c. à soupe de vinaigre de riz
25 cl d'eau

Pour les rouleaux
4 à 5 feuilles de nori

300 g de riz préparé (p. 36-38)

Wasabi

125 g de thon frais sans peau, coupé en morceaux (p. 89-91)

½ concombre coupé en carrés de 1 cm de section

½ omelette japonaise épaisse (p. 40-42), coupée en lanières de 1 cm de section

Autres garnitures possibles pouvant faire 3 rouleaux chacune
125 g de saumon frais sans peau, coupé en morceaux (p. 89-91)

125 g de chair de crabe

1 carotte moyenne coupée en carrés de 1 cm de section, et cuite

Pour 8 à 10 rouleaux

Temps de préparation
45 minutes

1 Mélangez les ingrédients de l'eau vinaigrée dans un bol et réservez. Étalez la natte à rouler sur le plan de travail bien propre. Pliez une feuille de *nori* et appuyez pour la casser en deux moitiés. Placez l'une de ces moitiés sur la base de la natte à rouler, face brillante et lisse vers le bas.

2 Trempez vos mains dans l'eau vinaigrée pour éviter au riz de coller aux doigts. Prenez 1 poignée de riz et façonnez-le à la longueur de la feuille de *nori*.

3 Placez le riz au centre du *nori* et, avec le bout de vos doigts, étalez-le régulièrement. Laissez un espace sans riz d'environ 1 cm de large en face de vous.

4 Si vous utilisez une garniture de poisson, creusez une petite tranchée dans le riz et, du bout des doigts, placez-y une petite quantité de *wasabi*. Attention de ne pas en mettre trop : il doit souligner la saveur du poisson et non la masquer.

5 Placez le thon (le concombre ou l'omelette) sur le *wasabi*. Vous devrez sans doute utiliser plusieurs morceaux. Posez-les bien les uns au bout des autres pour éviter les trous.

6 Soulevez le bord de la natte le plus proche de vous et, doucement, roulez l'ensemble en un mouvement continu.

7 Poursuivez l'opération de sorte que le bord supérieur rencontre le bord inférieur. Vous devez donner au rouleau une légère pression pour bien le compacter et le maintenir en forme.

8 À ce stade, vous devez voir la partie d'algue non recouverte de riz. Continuez à former le rouleau avec vos deux mains en appliquant une pression régulière sur toute sa longueur.

9 Soulevez le bord de la natte et poussez légèrement le rouleau vers l'avant pour que la zone de *nori* sans riz le scelle. L'humidité du riz agit sur le *nori* qui se comporte ensuite comme un adhésif.

10 Poussez vers l'intérieur les grains de riz qui dépassent. Placez au frais (mais pas au réfrigérateur) pendant que vous préparez les autres rouleaux.

11 Humidifiez la lame d'un couteau avec un tissu plongé dans un peu d'eau vinaigrée et coupez le rouleau en deux moitiés.

12 Humidifiez la lame du couteau à chaque tranchage. Rapprochez les deux demi-rouleaux et coupez-les en trois pour obtenir 6 sushis de taille égale. Disposez-les dans le plat de service et dégustez aussitôt.

Les sushis au thon, au concombre et à l'omelette allient élégance et simplicité.

Grands sushis roulés

Futo maki sushi

Les *futo maki* sont très appétissants car ils contiennent souvent des ingrédients colorés. La technique de préparation est identique à celle des rouleaux fins, mais ces rouleaux plus épais doivent être faits avec une feuille de *nori* entière. Essayez différentes garnitures pour créer de nouveaux motifs. Préparez bien tous vos ingrédients avant de vous lancer dans l'assemblage final. Dégustez les *futo maki* dès qu'ils sont prêts.

1 Mélangez les ingrédients de l'eau vinaigrée dans un bol et réservez. Étalez la natte à rouler sur le plan de travail bien propre. Posez une feuille de *nori* face brillante contre la natte. Trempez vos mains dans l'eau vinaigrée et formez deux boules de riz que vous placez au centre de la feuille d'algue.

Ingrédients

Pour l'eau vinaigrée
2 c. à soupe de vinaigre de riz
25 cl d'eau

Pour les rouleaux
3 feuilles de nori

300 g de riz préparé (p. 36-38)

1 carotte moyenne coupée en bâtons carrés de 1 cm de section et cuite

30 g de haricots verts cuits

30 g de shiitake *assaisonnés (p. 31)*

1 omelette épaisse (p. 40-42) coupée en tronçon de 1 cm de section

30 g de kampyo *(p 30)*

Vous pouvez aussi utiliser ces autres garnitures

60 g de filet de poisson sans peau (saumon, thon, daurade) coupé en tronçons de 1 cm de section

60 g de chair de homard ou de crabe

30 g d'épinard ou d'avocat

3 poches de tofu assaisonnées (p. 46) coupées en tronçons de 1 cm de section

Pour 3 rouleaux

Temps de préparation
45 minutes

2 Étalez le riz sur toute la largeur de la feuille de *nori* en laissant une zone sans riz de 4 cm de large sur le bord le plus éloigné de vous.

3 Posez le tiers de la carotte sur le riz, le tiers des haricots et le tiers des *shiitake.*

4 Placez aussi un tiers des morceaux d'omelette et un tiers de *kampyo* de chaque côté des haricots verts et des *shiitake.*

5 Placez vos pouces sous la natte à rouler et soulevez les bords de la natte comme ci-dessus. Maintenez les légumes en place avec vos doigts.

6 En tenant bien le sommet de la natte, ramenez le bord supérieur sur le bord inférieur pour enrober complètement la garniture.

7 Poussez la natte vers le bas pour tomber sur la partie d'algue sans riz. Pressez sur tout le long du rouleau pour bien le former et le sceller.

8 Continuez l'opération en vérifiant que le rouleau soit bien fermé. La partie d'algue sans riz doit agir comme une bande adhésive. Au besoin, pressez légèrement pour garantir cette adhésion.

9 Déroulez la natte. Laissez à température ambiante, au frais (mais pas au réfrigérateur). Préparez les 2 autres rouleaux. Coupez chaque rouleau en deux moitiés égales avec un couteau humidifié avec l'eau vinaigrée. Recoupez chaque moitié en 6 tranches.

Les tranches de sushi en gros rouleaux sont toujours très appétissantes.

Rouleaux à l'envers

Uramaki

Malgré son apparence, ce rouleau inversé est plus facile à préparer que les rouleaux classiques. Le riz, légèrement collant, assure la solidité de l'ensemble qui est, en fait, étonnamment rigide. Un autre avantage : vous pouvez les préparer à l'avance car l'algue n'a pas besoin d'être croquante. Le rouleau « californien », présenté ici, contient du crabe et de l'avocat. Cette recette à été inventée au début des années 1970 par les chefs japonais nés aux États-Unis pour répondre à une demande de sushis préparés sans poisson cru. Il est désormais devenu un classique.

Ingrédients

Pour l'eau vinaigrée
2 c. à soupe de vinaigre de riz
25 cl d'eau

Pour les rouleaux
3 feuilles de nori

300 g de riz préparé (p. 36-38)

120 g de chair de crabe (p. 98)

1 petit concombre sans pépin coupé en tronçons de 1 cm de section

125 g de mayonnaise

Wasabi *(facultatif)*

1 avocat moyen coupé en 2, sans peau ni noyau et détaillé en lanières

6 c. à soupe d'œufs de lump rouges

Pour 6 rouleaux

Temps de préparation
35 minutes

1 Mélangez les ingrédients de l'eau vinaigrée dans un bol et réservez. Étalez la natte à rouler sur le plan de travail bien propre et recouvrez-la de papier film.

2 Coupez la feuille de *nori* en deux (voir page 186) et placez-la sur la natte. Trempez vos mains dans l'eau vinaigrée et placez 1 poignée de riz cuit au milieu de la feuille d'algue. Utilisez vos doigts pour étaler et répartir le riz en une couche régulière. Attrapez la feuille de *nori* recouverte de riz et retournez-la d'un geste rapide.

3 Disposez le concombre et le crabe au centre du *nori.* Ajoutez 1 ligne de mayonnaise le long du crabe et passez un peu de *wasabi* sur la chair de crabe. Posez par-dessus les morceaux d'avocat.

4 Soulevez la natte en tenant les garnitures avec vos doigts si nécessaire. Faites se rejoindre les bords supérieur et inférieur de la feuille de *nori.*

5 Pressez délicatement le rouleau pour qu'il prenne sa forme et la conserve. Tirez sur la natte pour accentuer cette pression. Le rouleau peut être parfaitement circulaire ou légèrement carré.

6 Ouvrez la natte. Étalez les œufs de lump sur toute la surface du rouleau et répartissez-les avec le dos d'une cuillère. Retournez le rouleau pour couvrir sa base d'œufs. Ces derniers doivent masquer légèrement le riz.

7 Trempez un tissu dans l'eau vinaigrée et humectez la lame d'un couteau. Coupez le rouleau en 2 moitiés, puis chaque moitié en 6 sushis de taille égale.

Les œufs de lump donnent une belle couleur à ces sushis roulés.

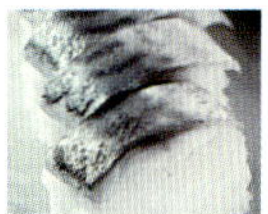

Sushis roulés en bûche
Bo sushi

Ces rouleaux sont enveloppés par du maquereau mariné au vinaigre à la place de la feuille de *nori*. Cette recette est l'une des meilleures manières d'apprécier la saveur du maquereau mariné si vous ne possédez pas de moule pour sushi pressé. Soyez sûr d'avoir le temps de préparer le maquereau et laissez le rouleau terminé à température ambiante 30 minutes avant de le découper pour que les arômes aient assez de temps pour se développer.

Ingrédients

Pour l'eau vinaigrée
2 c. à soupe de vinaigre de riz
25 cl d'eau

Pour les rouleaux
300 g de riz préparé (p. 36-38)

2 filets de maquereau marinés au vinaigre (p. 92) de 150 g chacun

Wasabi *(facultatif)*

Pour 2 rouleaux

Temps de préparation
45 minutes

1 Mélangez les ingrédients de l'eau vinaigrée dans un bol et réservez. Étalez la natte à rouler sur le plan de travail et recouvrez-la de papier film des deux côtés.

2 Humectez vos mains dans l'eau vinaigrée et placez 2 poignées de riz sur le papier film et façonnez-les à la longueur des filets de maquereau.

3 Si vous l'utilisez, étalez 1 petite noisette de *wasabi* sur la chair du filet et posez-le ensuite sur le riz, côté peau vers le haut.

4 Soulevez la natte par-dessus le riz et le poisson de manière à le recouvrir complètement.

5 Pressez le rouleau sur toute sa longueur avec vos mains pour lui donner une forme de bûche. Si le filet de maquereau est plus long que le cylindre de riz, ramenez-le contre celui-ci pour qu'il y adhère.

6 Laissez le rouleau de côté pendant 20 minutes au moins. Trempez un linge propre dans l'eau vinaigrée, humectez la lame du couteau et coupez le rouleau en tranches régulières de la taille d'une bouchée.

Facile à réaliser, joli et appétissant, le sushi roulé en bûche est un vrai délice.

Sushis roulés à la main

Temaki sushi

Ce sushi est une très bonne entrée pour un dîner, sans demander beaucoup de travail. Préparez simplement le riz à sushi, présentez une belle variété de garnitures et laissez vos convives former eux-mêmes leurs sushis. Comptez 100 g de filet de poisson sans peau par personne (essayez d'en proposer deux espèces). Ne lésinez pas sur la quantité : ces sushis sont très appréciés !

Ingrédients

10 feuilles de nori *coupées en 2* *(p.186)*

300 g de riz préparé *(p. 36-38)*

Wasabi

Choix de garnitures

400 g de poisson coupé comme indiqué *pages p. 88-91* *:*
bar,
daurade,
thon, saumon,
turbot,
maquereau mariné
ou saumon fumé

100 g d'œufs de saumon

Omelette japonaise épaisse (suivre la recette p. 40-42, en divisant les quantités par 2)

400 g de légumes coupés en forme de crayon :
avocat,
concombre,
carotte,
haricots verts

10 feuilles de chiso

Pour 20 cornets

Temps de préparation
45 minutes

1 Tenez un morceau de feuille de *nori* dans votre main gauche et placez 1 généreuse cuillerée de riz dans le coin gauche de la feuille.

2 Étalez le riz du bout des doigts sur le sommet supérieur de la feuille. Aplatissez le riz puis étalez un peu de *wasabi* par-dessus.

3 Disposez les garnitures sur le riz en les orientant légèrement en diagonale par rapport au coin supérieur de la feuille de *nori.*

4 Pliez la feuille de *nori* en la ramenant contre le riz, de manière à emprisonner toute la garniture.

5 Continuez de former le cornet en appuyant légèrement sur la base pour qu'il reste en forme.

Créez vos propres recettes de sushis roulés à la main.

Les sushis pressés

Nigiri sushi

Cette préparation n'a que tardivement enrichi le vaste répertoire de sushis puisqu'on ne la connaît que depuis 200 ans environ. À l'origine, ces sushis n'étaient que de simples bouchées que l'on consommait sans s'arrêter dans les rues d'Edo, aujourd'hui Tokyo. *Nigiri* signifie « presser ». Lorsque les chefs préparent les *nigiri sushi,* ils doivent former une petite noix de riz cuit en un ovale parfait, ajouter la juste quantité de *wasabi,* puis presser la garniture de poisson par-dessus. Mais les *nigiri sushi* ne se limitent pas à cette très simple description. Pour être parfait, le sushi pressé à la main doit avoir la juste taille pour être dégusté en une bouchée, et son riz doit se déliter agréablement contre le palais, jamais dans vos doigts ou au contact des baguettes. En outre, la subtile acidité du riz doit souligner la saveur de la garniture et non entrer en opposition avec elle, une pointe de *wasabi* doit relever le tout d'une saveur fraîche et originale. Commencez votre apprentissage avec des sushis pressés à la main simples (pages 214-217), puis améliorez-vous pour parvenir à maîtriser la méthode des experts. Pendant que le riz est en train de cuire, préparez toutes vos garnitures. Tenez un bol d'eau vinaigrée près de vous pour y tremper vos doigts de temps en temps. Cette précaution évitera aux grains de riz de coller à vos mains et vous facilitera la tâche.

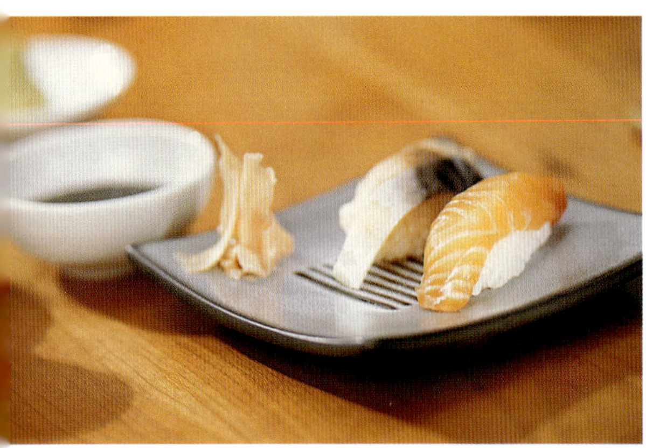

< Les *nigiri sushi* sont de loin les plus connus. Pour les profanes, ils sont toujours associés au terme « sushi ».

> Les garnitures ont évolué avec le temps : si l'ormeau, la daurade ou les poissons plats ont toujours été utilisés, le thon ou le maquereau ne sont apparus qu'après la Seconde Guerre mondiale.

Méthode pour experts
Nigiri sushi

Voici le fin du fin en matière de sushi. Même préparés par les meilleurs chefs, ils paraissent presque trop simples. Mais ne vous y trompez pas : ce sont les plus difficiles à faire. Un maître en sushi passe des années à perfectionner son art et sa technique pour, en un seul geste déconcertant de rapidité et de simplicité, réaliser ces délicates petites bouchées. Ces sushis sont un peu moins gros que ceux des pages 214-217 : ils nécessitent un peu moins de riz et plus de poisson.

Ingrédients

300 g de riz préparé (p. 36-38)

500 g de filet de poisson : daurade, sole, barbue, saumon, thon ou bar, coupés de manière appropriée (p. 88-91)

Wasabi

Pour 40 à 50 sushis

1 Mélangez 25 cl d'eau avec 3 cuillerées à soupe de vinaigre dans un petit saladier et humectez vos mains pour éviter aux grains de riz de coller à vos doigts.

2 Prélevez une petite poignée de riz dans votre main droite et façonnez-la en une forme oblongue.

3 En maintenant le riz dans votre main droite, attrapez la garniture de poisson avec votre main gauche. Allongez le morceau de poisson sur vos doigts et étalez un peu de *wasabi* dessus.

4 Tenez le riz entre votre pouce droit et l'index et pressez-le légèrement avec la garniture en vous servant de votre pouce gauche.

5 Tenez le sushi au milieu, de chaque côté entre le pouce et l'index. Faites tourner le sushi à 180° pour que la garniture se retrouve au-dessus.

6 Pressez légèrement les côtés du sushi avec vos doigts pour donner sa forme au sushi et compacter légèrement le riz.

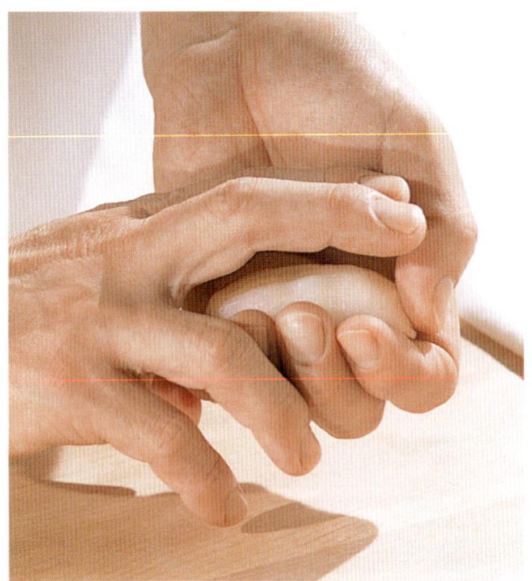

7 Positionnez le sushi dans votre main gauche et pressez-le délicatement depuis son sommet pour le compacter un peu plus.

8 Ouvrez votre main, tournez le sushi, pressez et répétez cette opération 6 à 7 fois pour que le sushi conserve sa forme dans le plat de service.

La daurade permet de faire une délicate garniture pour les *nigiri sushi*.

Méthode simple
Nigiri sushi

Les *nigiri sushi* sont si difficiles à maîtriser que les Japonais eux-mêmes hésitent à les préparer à la maison. Voici donc une méthode plus facile et plus rapide pour les confectionner. L'effet n'est pas si éloigné de celui de la méthode précédente. Utilisez 100 g de poisson par personne, ce qui donne cinq sushis environ. Préparez le riz et le poisson à l'avance pour vous concentrer sur l'assemblage proprement dit.

Ingrédients

Pour l'eau vinaigrée
2 c. à soupe de vinaigre de riz
25 cl d'eau

Pour les rouleaux
300 g de riz préparé (p. 36-38)

400 g de poissons de différentes espèces (p. 52-129) et coupés de manière appropriée (p. 88)

Wasabi

Omelette épaisse (p. 40-42, quantités divisées par 2) coupée en tranches de 0,5 cm d'épaisseur

5 lanières de nori *(1 x 7,5 cm) pour maintenir l'omelette sur le riz*

Pour 24 à 32 sushis

Temps de préparation
45 minutes

1 Mélangez les ingrédients de l'eau vinaigrée dans un bol. Trempez vos mains dans cette préparation et prenez des boules de riz de la taille d'un petit œuf. Roulez-les entre les paumes de vos mains pour leur donner une forme oblongue. Placez-les au fur et à mesure sur un plan de travail bien propre et sec. Préparez-en plusieurs et réservez.

2 Égalisez la forme des boulettes de riz, mais évitez de trop les travailler.

3 Posez les morceaux de poisson en face des boulettes de riz. Étalez un peu de *wasabi* sur le poisson mais n'en mettez pas si vous utilisez de l'omelette comme garniture.

4 Placez le poisson sur le riz et pressez délicatement pour faire adhérer. Évitez de trop toucher le poisson qui risque de se réchauffer.

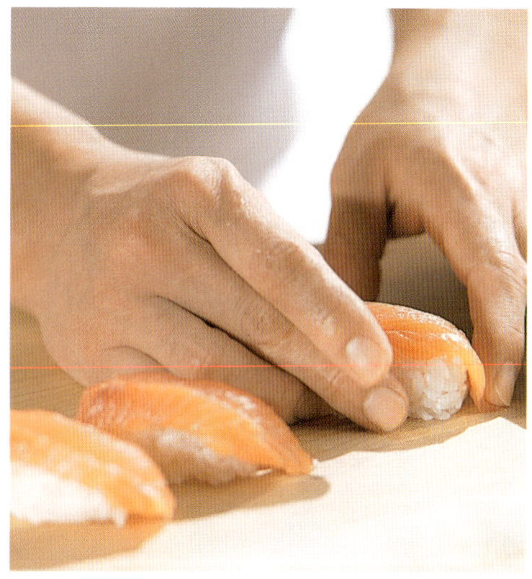

5 Ramenez les extrémités des morceaux de poisson sur le riz avec vos doigts.

6 Formez et pressez légèrement les bords de chaque sushi. Si vous utilisez de l'omelette, attachez-la au riz avec une petite lanière de *nori*.

Variez les garnitures : des sushis de thon, de bar, de saumon, de maquereau mariné et d'omelette, tout est permis !

Sushi « bateau cuirassé »
Gunkan maki

Des garnitures de sushi comme les œufs de poisson ou les huîtres ne pourraient tout simplement pas tenir sur le riz sans un moyen approprié. Ce type de sushi est nommé *gunkan maki* (« bateau cuirassé ») car le *nori* qui aide à maintenir en place la garniture donne au sushi une forme de bateau. Le *nori* absorbe l'humidité du riz et ramollit assez rapidement. Il faut donc préparer les *gunkan maki* au tout dernier moment.

Ingrédients

Pour l'eau vinaigrée
2 c. à soupe de vinaigre de riz
25 cl d'eau

Pour les sushis
300 g de riz préparé (p. 36-38)

3 feuilles de nori *coupées en 6 lanières de taille égale*

Wasabi

120 g d'œufs de lump rouges ou noirs

6 huîtres

60 g d'œufs de saumon

Pour 18 sushis

Temps de préparation
30 minutes

1 Mélangez les ingrédients de l'eau vinaigrée dans un petit bol. Posez 2 feuilles de *nori* l'une sur l'autre et coupez-les en 6 lanières de taille égale (2,5 cm x 15 cm).

2 Humectez vos mains dans l'eau vinaigrée. Donnez une forme oblongue à l'équivalent de 1 cuillerée à soupe de riz cuit. Essuyez vos mains et prenez une bande de *nori.* Collez-la sur les côtés de la boulette de riz en tenant la face brillante et lisse vers l'extérieur.

3 Écrasez un grain de riz cuit sur la fin de la bande de *nori.* Il servira d'adhésif et permettra de maintenir l'algue en place. Pressez légèrement pour conserver cette forme.

4 Déposez un soupçon de *wasabi* sur le riz, puis applatissez légèrement la surface de ce dernier.

5 Déposez la garniture sur le riz, à l'intérieur de la bande de *nori*.

Sushis garnis d'œufs de lump, d'œufs de saumon, d'huître et d'autres œufs de poisson.

Avec du film alimentaire

Temari sushi

Voici l'une des manières les plus faciles de préparer des sushis, simplement avec du film alimentaire. Préparez ces petits canapés une journée à l'avance en les gardant dans le film alimentaire au réfrigérateur jusqu'au moment du repas.

1 Divisez le riz en moitiés égales. Posez une feuille de film alimentaire de 10 cm de côté sur un plan de travail propre et plat. Posez un morceau de saumon fumé au milieu et recouvrez avec 1 cuillerée à café de riz.

2 Saisissez les quatre coins de la feuille de film alimentaire et rassemblez-les au centre. Enroulez-les progressivement pour compacter le riz et former une boule bien serrée. Répétez cette opération pour tous les autres morceaux de saumon. Après cela, faites 10 boulettes avec les crevettes, mais en ajoutant ½ cuillerée à café d'œufs de lump au centre de chaque queue.

3 Gardez chaque sushi enveloppé de son papier film jusqu'au moment de servir. Agrémentez chaque bouchée de saumon fumé avec une pointe de wasabi.

Ingrédients

150 g de riz préparé (p. 36-38)

30 g de saumon fumé coupé en carrés de la taille d'un gros timbre

Wasabi

10 crevettes cuites

30 g d'œufs de lump

Autres garnitures possibles à utiliser dans les mêmes quantités pour réaliser 10 sushis

½ concombre émincé finement et coupé comme le saumon

30 g d'œufs de poisson ou de caviar

30 g de bœuf rôti bleu, coupé comme le saumon

Wasabi

Pour 20 à 30 sushis

Temps de préparation
25 minutes

Placez le riz sur le poisson sans trop le travailler.

Au besoin, ajustez la forme des sushis avec vos doigts.

Sushi de saumon fumé et *wasabi*, sushi de crevettes et œufs de poisson.

Dégustation

Les bars à sushis
Un moment inoubliable

Que vous veniez de découvrir les sushis où que vous en soyez familier de longue date, dîner dans un bar à sushis est toujours une expérience très particulière : le service y est très personnalisé et tout ce que vous consommez est préparé devant vous, au dernier moment. Laissez-vous émerveiller par le talent du chef et écoutez ses conseils : ils sont incomparables.

Dans le bar à sushi

En général, les bars à sushi sont de petite taille. La décoration peut varier mais vous trouverez presque toujours le long comptoir réfrigéré équipé d'une vitre étincelante de propreté derrière laquelle sont présentés les poissons, les œufs de poissons et les crustacés. Le maître en sushis attend les clients derrière ce comptoir. Le principe de fonctionnement est on ne peut plus simple : les premiers assis sont les premiers servis. Certains clients font un passage éclair et ne consomment que quelques bouchées alors que d'autres prennent leur temps et restent toute une soirée.

Dans un bar à sushis les maîtres mots sont détente et mets de grande qualité. Le maître en sushis se fait un honneur de maintenir le service à son plus haut niveau pour vous donner autant de satisfaction que possible.

< Commandez les sushis un par un ou laissez-vous tenter par un assortiment composé par le chef.

> Pour éviter les surprises, commandez une sélection de sushis.

L'absence de menu

Les bars à sushis ont ceci de particulier que vous n'y trouverez pas de menu écrit. Pour choisir, il suffit de pointer du doigt tel ou tel poisson présenté devant vous. Au Japon, le prix des sushis est rarement affiché car le cours du poisson est sujet aux fluctuations du marché. La somme que vous devrez payer en fin de repas reste donc assez incertaine. Si vous voulez éviter toutes surprises, optez pour une sélection de sushis pré-établie, dont le prix est clairement indiqué. Vous y trouverez en général des sushis pressés à la main, roulés et moulés pour une somme très acceptable. Vous pouvez aussi compléter ces assortiments par quelques bouchées supplémentaires.

L'addition

Dans certains cas, il arrive que les garçons de salle donnent au maître en sushis les commandes que prennent les clients. Mais, en général, il suit mentalement le choix des convives et additionne les sommes de tête pour pouvoir présenter une addition juste au moment venu.

Le pourboire

Un maître en sushis tire une grande fierté de son art et l'idée même de pourboire lui est étrangère. Une manière élégante de le remercier est de lui offrir un verre de saké ou une bière. S'il accepte, commandez-la au garçon pour qu'il lui serve. Le chef vous portera alors un toast en guise de remerciement et vous devrez alors le saluer pour la grande qualité de ses sushis. Hors du Japon, le pourboire est courant.

Les us et coutumes
À faire et à ne pas faire

Il existe un certain nombre de choses à connaître au sujet de la conduite à tenir dans les bars à sushis et ceci peut éviter de transformer le plus élégant des gourmets en un personnage sans éducation. Se sentir à l'aise tout en respectant l'étiquette requise, voilà la seule et bonne manière de profiter pleinement des plaisirs d'un repas de sushis.

Structurer son repas

L'absence de menu indique qu'il n'existe pas de règles pour vous permettre de composer votre repas. Il n'y a pas d'ordre à suivre pour déguster le sushi même si certains connaisseurs prétendent le contraire.

Faites vos choix en suivant votre seule fantaisie. Voici quelques idées pour vous aider, mais laissez parler vos goûts.

- Quelques sashimis sont une bonne entrée en matière : demandez au chef ceux qu'il recommande.
- Si vous voulez tester le mélange vinaigré du restaurant où vous vous trouvez (ce qui vous donnera une bonne idée du talent du chef), prenez un sushi d'omelette dont la saveur discrète vous permettra de goûter le riz. Cependant, certains puristes affirment que l'omelette doit se déguster au dessert, à vous de voir.
- Commencez par des poissons blancs de saveurs plutôt légères et progressez vers des goûts plus marqués et des poissons à chair rouge, comme le thon. Cette approche est la plus logique, mais n'hésitez pas : si votre sushi favori est le *toro* (thon gras), commandez-le en premier.

De l'usage des baguettes

Dans les bars à sushis, une paire de baguettes jetables vous est proposée emballée dans un étui en papier plié. Sortez-les de leur emballage, cassez-les en deux et posez-les simplement sur le petit porte-baguette posé devant vous.

• Ne donnez jamais un sushi à un autre convive avec les baguettes, geste qui est supposé apporter beaucoup de malchance. En effet, dans le rituel funéraire traditionnel, les ossements du défunt qui résultent de la crémation sont posés dans une urne à l'aide des baguettes.

• Si vous vous servez dans un grand plat ou si vous servez quelqu'un d'autre, il est poli de retourner vos baguettes et de vous en servir à l'envers.

• Certains considèrent que le repas doit se finir par des sushis roulés. Peut-être parce qu'ils contiennent plus de riz et qu'ils rassasient les appétits les plus aiguisés...

Les doigts ou les baguettes ?

Si vous n'êtes pas à l'aise avec les baguettes, il est acceptable de consommer ses sushis avec les doigts (voir page 230). Souvenez-vous qu'à l'origine, les sushis étaient des en-cas dégustés dans la rue. Demandez alors une serviette humide pour vous essuyer les mains.

De l'usage de la sauce soja

La sauce soja est l'un des meilleurs assaisonnements qui soit et on la retrouve dans toute la cuisine japonaise. Il faut néanmoins s'en servir avec parcimonie : le fond d'une petite coupelle suffit.

C'est un art que de savoir tremper un sushi pressé à la main dans la sauce soja sans voir le riz se déliter et flotter à la surface du liquide. Que vous utilisiez des baguettes ou vos doigts (voir plus bas), essayez de consommer les sushis pressés à la main en une seule bouchée car il est assez impoli de mordre ou de découper un sushi en deux et de laisser la moitié restante sur le bord de l'assiette.

Lorsque vous dégustez des sushis roulés, n'en trempez qu'un petit coin dans la sauce. N'enfoncez jamais le sushi profondément dans le bol contenant la sauce : non seulement le sushi va se briser, mais le riz va absorber le liquide et les délicats arômes du rouleau seront complètement masqués. Cette précaution vaut également pour les sushis « bateau cuirassé ».

Comment procéder

1 Versez un petit fond de sauce soja dans une coupelle. Saisissez un sushi par les côtés, retournez-le et tenez-le entre votre pouce et votre majeur.

2 Sans trop appuyer, trempez le sushi dans la sauce, côté garniture vers le bas. Amenez le sushi, toujours à l'envers, vers votre bouche, de sorte que vous goûtiez le poisson en premier.

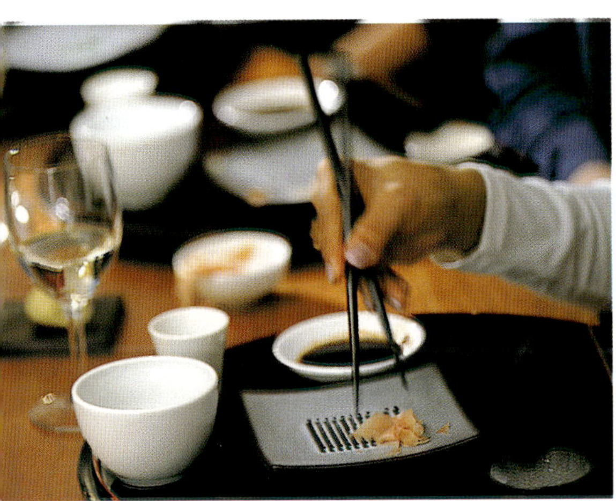

∧ Le gingembre au vinaigre

Les sushis sont servis avec un petit dôme de gingembre rose au vinaigre finement émincé. Son rôle est de préparer le palais entre chaque bouchée de sushi. C'est à ce moment qu'il doit être consommé, lamelle par lamelle. En raison de sa saveur rafraîchissante, de nombreux gourmets consomment le gingembre sans réserve. N'oubliez pas, cependant, que c'est un accompagnement des sushis et des sashimis et non une salade, même si le chef se fera toujours un plaisir de vous le servir quand vous le désirez.

> Le *wasabi*

Dans la tradition japonaise, il existe une frontière entre le bon et le mauvais goût, le gourmet doit savoir la respecter. Le *wasabi* est un condiment essentiel des sushis et sashimis destiné à souligner leur saveur. Ce n'est pas une sorte de piment pouvant servir de test à votre résistance aux goûts brûlants. Si vous aimez cette saveur si particulière, demandez au chef de forcer légèrement la dose sur vos sushis et il se fera un plaisir de le faire. Si vous mangez des sashimis, étalez une pointe de *wasabi* sur les tranches de poisson, trempez-les brièvement dans la sauce soja et dégustez. De cette manière vous pourrez apprécier la saveur unique du poisson tout en bénéficiant des notes épicées, salées et fraîches du *wasabi* et de sa sauce.

Les boissons

Thé, bière, saké et vin

Les bons bars à sushis offrent une large sélection de boissons et les Japonais boivent ce que bon leur semble avec leurs sushis. Le thé vert et le saké, le vin de riz japonais, sont considérés comme les boissons les plus traditionnelles. La bière est aussi relativement courante. Les sushis sont consommés internationalement et sont fréquemment accompagnés de vins rouges ou blancs.

Le thé vert

Un bol de thé vert (*agari* dans les restaurants japonais) est rafraîchissant et permet au palais de se reposer entre deux bouchées. De plus, il facilite la digestion et apporte des vitamines A, B et C.

La bière

Il existe trois grandes brasseries au Japon mais la plupart des bars à sushis disposent d'une large sélection de bières. Les bières japonaises se rapprochent des bières américaines et européennes et sont toujours servies bien fraîches.

Le saké

La saveur douce et subtile du saké souligne agréablement toute la cuisine japonaise. C'est une boisson assez forte qui titre 17°. On boit le saké à température ambiante ou à peine chambré. On peut vous proposer du saké chaud dans un petit flacon et une coupe. Cette habitude a des origines récentes : juste après la Seconde Guerre mondiale, le saké produit était de très mauvaise qualité en raison de la pénurie de riz. Pour camoufler sa mauvaise saveur, il était chauffé et servi ainsi. En hiver, le saké chaud est une boisson très agréable. Certains affirment que la chaleur rend le saké plus fort, mais les amateurs ne se laissent pas impressionner et le boivent ainsi toute l'année.

Les Japonais ont redécouvert le saké durant les années de prospérité qu'ils ont connues à partir de 1980 et des petites marques locales sont désormais vendues au Japon et hors de ses frontières.

On trouve trois qualités de saké. *Tokkyu* est la plus chère et sans doute la meilleure ; *ikkyu* est une très bonne boisson et *nikyu* reste un vin honorable. Cependant, cette classification ne donne pas d'indication sur l'arôme où les caractères doux et secs de la boisson. Elle permet juste d'établir les bons ratios de taxes et d'impôts...

Les vins

Un bon bar à sushis ou un bon restaurant japonais doit posséder une carte des vins convenable pour accompagner dignement les sushis.

En toutes circonstances, buvez les vins que vous aimez. Toutefois, si vous souhaitez accorder vos sushis avec des vins particuliers, voici quelques conseils.

Pour les légumes, les œufs et les poissons blancs, choisissez un vin blanc bien charpenté : un sauvignon blanc ou un chardonnay. Pour des légumes encore plus forts comme les champignons, essayez un rouge léger comme le pinot noir ou un chianti classico ou encore un bon riesling.

Pour les crustacés, comme les crevettes ou le crabe, optez pour un champagne ou un vin blanc pétillant.

Pour les poissons au goût très prononcé, comme le thon, le saumon ou le maquereau mariné, portez plutôt votre choix sur des bourgognes, un chardonnay ou encore un gamay.

À la maison
L'art de recevoir

Les sushis sont si bons et si agréables à l'œil qu'ils produisent toujours le plus bel effet sur votre table. Commencez par de simples sushis découpés puis, au fur et à mesure que votre talent grandira, lancez-vous dans des préparations plus délicates. Souvenez-vous que les sushis pressés à la main sont les plus difficiles à faire. Si vous voulez vraiment impressionner vos convives, n'omettez pas de faire quelques répétitions en famille.

Recevoir chez soi

Pour chaque convive, vous devez avoir une paire de baguettes, un porte-baguette et une petite coupelle pour la sauce soja. Proposez le *wasabi* et le gingembre dans deux bols communs ou disposez-les en petits dômes sur les assiettes de service. Mettez à disposition la sauce dans des petits flacons.

Déjeuner facile et rapide. Faites un beau plat de sushis découpés (voir pages 132-145) du style « Tokyo » qui ne se dégustent qu'en bol individuel.

Dîner. Commencez par une soupe de miso (voir page 238), puis servez en plat principal une belle sélection de sushis roulés (voir pages 204-207). Laissez à vos invités le soin de rouler leurs sushis.

Menu végétarien. Commencez avec des rouleaux à l'envers (voir pages 196-199) en remplaçant le concombre et les graines de sésame par de la chair de crabe et des œufs

de lump. Poursuivez avec des sushis d'œufs brouillés et d'asperge, des sushis aux pois gourmands et à la tomate (voir pages 140-141) ou n'importe quel autre sushi découpé végétarien.

Menu d'été. Préparez des assiettes individuelles de sashimis (voir pages 240-243). Continuez par des sushis roulés préparés avec trois à cinq garnitures différentes (voir pages 184-203).

Menu d'automne et d'hiver. Mettez en appétit vos convives avec une soupe claire au poisson blanc (voir pages 236-237), puis faites suivre une sélection de deux à quatre sortes de sushis pressés (voir pages 168-183) ou encore un sushi du style « Tokyo » en bol individuel (voir pages 134-137).

Que servir avec vos sushis ?

Les Japonais ont l'habitude de servir une soupe à l'entrée et à la fin du repas. La *sui mono,* qui rappelle le consommé occidental, est traditionnellement servie au début. Le *Miso shiru,* ou soupe au *miso* accompagnée d'un bol de riz et de quelques pickles, clôt le repas.

Les sashimis sont excellents pour commencer un bon repas. Accompagnez-les de sauce soja, de *wasabi,* de gingembre au vinaigre et de *daikon* émincé (voir pages 240-243). Terminez le repas avec un assortiment de fruits frais présentés de manière appétissante.

Soupe claire aux œufs et champignons *shiitake*

Dans cette soupe, les œufs forment de longs filaments qui contrastent agréablement avec la saveur soutenue des *shiitake*. Présentez-la dans vos plus jolis bols.

1 Faites chauffer le bouillon *dashi* dans une petite casserole pour atteindre le point d'ébullition. Ôtez ensuite du feu.

2 Ajoutez les œufs battus en les versant très lentement à travers une petite passoire pour créer les filaments. Sans fouetter, agitez lentement la soupe pour que les filaments s'individualisent.

3 Ajoutez les chapeaux de champignons et assaisonnez avec la sauce soja, le saké et le sel. Faites réchauffer à feu moyen sans laisser bouillir.

4 Servez la soupe dans des petits bols et décorez avec des feuilles de coriandre fraîches laissées entières.

Ingrédients

1 bouillon dashi *(p. 39)*

2 œufs battus

4 shiitake *frais sans queues*

1 c. à soupe de sauce soja

1 c. à soupe de saké

Coriandre fraîche

1 pincée de sel fin

Pour 4 personnes

Temps de préparation
25 minutes

Soupe claire au poisson blanc

Vous pouvez utiliser toutes sortes de poissons blancs comme la daurade, la sole ou le bar. En laissant la peau sur les filets, les morceaux sont plus décoratifs et tiennent mieux dans le bouillon.

1 Portez le bouillon *dashi* à ébullition dans une petite casserole. Ajoutez la sauce soja, le *mirin* et le sel. Laissez mijoter lentement pendant quelques minutes.

2 Ajoutez le poisson, portez à ébullition, puis arrêtez aussitôt la cuisson en ôtant la casserole du feu.

3 Déposez 2 morceaux de poisson (la peau vers le haut) dans chaque bol.

4 Versez délicatement la soupe dans les bols de service avec une louche et décorez avec les oignons nouveaux. Servez aussitôt.

Ingrédients

1 bouillon dashi *(p. 39)*

1 c. à soupe de sauce soja

1 c. à soupe de mirin

125 g de filets de poisson coupés en 8 morceaux

4 oignons nouveaux finement émincés

1 pincée de sel fin

Pour 4 personnes

Temps de préparation
20 minutes

Les soupes peuvent être servies au début ou à la fin du repas.

Soupe de clams au *miso*

Asari miso shiru

Cette recette très classique est facile à préparer puisque le bouillon est constitué d'eau de cuisson. Les couleurs de la pâte de *miso* partent du blanc crème pour aller au brun foncé. Plus cette pâte est sombre, plus elle est salée.

1 Mélangez le *miso* dans un peu d'eau chaude et placez-le dans une casserole avec le bouillon *dashi* et les clams. Portez doucement à ébullition, écumez la surface puis sortez du feu.

2 Laissez un couvercle sur la casserole pendant 1 à 2 minutes, le temps que tous les clams soient ouverts. Éliminez les coquillages restés fermés. Assaisonnez avec du sel à votre goût.

3 Versez la soupe et les coquillages dans les bols de service avec une louche et décorez avec les oignons nouveaux. Servez aussitôt.

Ingrédients

4 c. à soupe de pâte de miso

1 bouillon dashi *(p. 39)*

20 petits clams bien propres (p. 126)

2 petits oignons nouveaux finement émincés

Sel fin

Pour 4 personnes

Temps de préparation
20 minutes

Soupe de *miso* printanière

Pour cette soupe, vous pouvez remplacer les brocolis par des asperges ou des pois gourmands. Utilisez une pâte de *miso* légère pour ne pas masquer la délicate saveur des légumes.

1 Faites fondre la pâte de *miso* dans un peu d'eau chaude et placez-la dans une casserole avec le bouillon *dashi* et les brocolis. Portez à ébullition, puis laissez mijoter lentement pendant 3 minutes. Salez à votre goût.

2 Ajoutez les cubes de tofu, portez de nouveau à ébullition, puis sortez la casserole du feu.

3 Versez la soupe dans des bols de service individuels, décorez avec les graines de sésame (si vous les utilisez) et servez-les aussitôt.

Ingrédients

4 c. à soupe de pâte de miso

1 bouillon dashi *(p. 39)*

250 g de brocolis en petits bouquets

60 g de tofu ferme coupé en cubes de 1 cm de côté

1 c. à soupe de graines de sésame grillées pour le décor (facultatif)

Sel

Pour 4 personnes

Temps de préparation
20 minutes

Soupe de miso printanière et soupe de clams au miso.

Les sashimis
Historique

Le sashimi est une des plus anciennes traditions culinaires du Japon qui possède sa propre histoire. Aussi étonnant que cela puisse paraître, les Japonais pensent que, dans la plupart des cas, moins les produits sont cuits, meilleurs ils sont et que la bonne manière de cuire le poisson… est de ne pas le cuire du tout.

Les origines du sashimi

En l'an 123 de notre ère, on raconte que l'empereur se faisait servir par son chef cuisinier de la bonite crue et des clams avec du vinaigre. Au milieu du XVe siècle, le sashimi reçu ses lettres de noblesse et devint une recette à part entière, nommée *namasu,* que l'on dégustait avec du vinaigre et non de la sauce soja comme de nos jours. Au milieu du XVIIe siècle le bar, la daurade, la bonite, le requin, l'anguille, la carpe et les crustacés mais aussi le faisan et le canard étaient consommés en sashimi. La plupart de ces produits étaient mangés crus, mais certains devaient être blanchis, voire légèrement cuits. À peu près au même moment, la sauce soja devint un produit courant et le sashimi se popularisa sous la forme que nous lui connaissons.

Aujourd'hui, le sashimi est considéré comme l'entrée idéale d'un repas japonais. On le sert avec la sauce soja, le *wasabi,* le *daikon* émincé, et parfois des algues et des feuilles de *chiso*. Ces accompagnements apportent une touche de couleur et facilitent la digestion.

< Commencez un repas de sushis par quelques sashimis, le poisson dans sa forme la plus dépouillée.

Effets de présentation
Et garnitures

En principe, tous les poissons utilisés pour les sushis conviennent pour les sashimis. Le point crucial reste l'extrême fraîcheur du poisson. Pour les sashimis, les produits doivent être d'une grande qualité car rien ne vient masquer la saveur du poisson. Les poissons à chair rouge comme le thon, la bonite ou le maquereau sont coupés en tranches relativement épaisses. Les poissons blancs (bar, daurade ou sole) sont tranchés plus finement car leur texture tend à être plus ferme (voir pages 88-91). Choisissez des poissons blancs et rouges pour créer un bel assortiment et décorez le plat de service avec, par exemple, des concombres en branches de pin (voir page 50) ou du raifort râpé. Comptez 125 g de poisson par personne.

Garnitures

Tranches fines de citron

Wasabi *en feuilles (p. 51)*

Feuilles de chiso

Daikon *émincé (p. 49)*

Queues de crevettes travaillées (voir ci-dessous)

Fleurs de poisson (p. 242)

Œufs de lump

Queues de crevettes décoratives

Préparez les crevettes décorées de la façon suivante : placez la crevette de côté sur la planche à découper. Tenez-la par la queue et enroulez-la de sorte que le corps entoure la petite nageoire. Séparez bien les écailles de la nageoire pour former un délicat éventail.

Préparer les roses de poisson

1 Prenez 1 filet de 7,5 cm de large et pesant 120 g environ. La sole ou le bar conviennent bien pour cette préparation. Coupez 3 à 4 bandes de poisson comme indiqué pages 88-91. Étalez-les sur le plan de travail.

2 Enroulez les bandes de poisson. Utilisez des baguettes, si nécessaire, pour bien réaliser ce geste.

3 Posez la rose sur sa base puis, avec les baguettes ou vos doigts, ouvrez-la pour former d'élégants pétales. Utilisez aussitôt.

Un sashimi bien décoré est une petite œuvre d'art.

Quelques problèmes et leurs solutions

La maîtrise de l'art des sushis prend des années de travail assidu, alors ne soyez pas déçu si vos premiers essais ne ressemblent pas aux magnifiques présentations que vous avez pu voir au restaurant. Même s'ils ne sont pas esthétiquement très réussis, vos sushis seront toujours délicieux. Voici quelques conseils qui vous aideront à résoudre les difficultés les plus fréquemment rencontrées.

Sushis posés sur du riz

Problème : le riz est devenu solide et il est difficile d'y mélanger d'autres ingrédients.

Solutions : le riz est sans doute trop froid. Arrosez-le de 1 cuillerée à soupe de vinaigre de riz, puis mélangez délicatement pour séparer les grains. Il faut toujours laisser refroidir le riz avant usage, mais ne le placez jamais au réfrigérateur car c'est ainsi qu'il risque de durcir ; laissez-le à température ambiante.

Sushi farcis

Problème : le riz est trop dur et ne peut plus être travaillé.

Solution : voir plus haut.

Problème : le matériau extérieur est percé.

Solution : vous avez sans doute trop rempli les sushis. Continuez de votre mieux et servez leur partie déchirée contre le plat : « de ce que les yeux ne voient pas, le cœur ne peut souffrir ». Si les sushis ne tiennent vraiment pas, il faudra peut-être en refaire certains.

< Mélangez le riz avec les autres ingrédients lorsqu'il est à température ambiante sinon, il risque de durcir.

Λ Faites tremper le moule à sushi dans de l'eau froide pour éviter au riz de trop coller.

Sushis pressés

Problème : le bloc de riz pressé est coincé dans le moule.

Solution : vous n'avez pas laissé tremper le moule assez longtemps dans de l'eau froide (voir page 23). Humectez une palette fine et décollez le riz des bords du moule. Une fois démoulé, égalisez les bords du bloc avec la lame mouillée d'un couteau.

Sushis roulés

Problème : la garniture est décentrée.

Solution : vous avez mal positionné la garniture avant de former le rouleau. Coupez-le en tranches et essayez de recentrer la garniture avec vos doigts. Si vous n'y parvenez pas, roulez délicatement les pièces formées en forme de goutte d'eau avec la garniture dans la partie la plus étroite. Disposez ensuite ces sushis en cercle, leurs garnitures vers le centre pour former une belle fleur.

Problème : la feuille de *nori* s'est ouverte.

Solution : vous avez peut-être trop rempli le rouleau. Placez une autre feuille de *nori* sur la natte à rouler, placez le côté ouvert du rouleau vers le bas et roulez à nouveau. Même si le nouveau rouleau ainsi formé a deux épaisseurs de *nori,* l'humidité du riz les ramollira et ils se confondront. Vous pouvez aussi essayer de faire des rouleaux à l'envers (voir pages 196-199).

V Ne remplissez pas trop vos rouleaux, sinon la feuille de *nori* risque de se déchirer.

鮨 Glossaire
des termes japonais

Abura age	Tofu frit et coloré
Agari	Thé vert servi dans les bars à sushis
Aji	Chinchard
Akami	Filet de thon prélevé sur le dos du poisson
Ama ebi	Crevette servie crue au goût sucré
Anago	Congre mariné et cuit à la sauce soja
Asari	Clam commun
Asari miso shiru	Soupe de clams au *miso*
Awabi	Ormeau (ou abalone)
Baka gai	Vernis
Battera	Sushi moulé au maquereau
Birru	Bière
Bo sushi	Sushi roulé en bûche
Chakin sushi	Omelette en aumônière
Chirashi sushi	Sushi posé sur du riz
Chiso	Herbe aromatique
Chu toro	Morceau assez gras prélevé sur le haut du ventre du thon
Daikon	Gros radis blanc nommé aussi « *mouli* »
Dashi	Fond de base au poisson
Dashi maki tamago	Omelette épaisse
Deba bocho	Gros couteau
Ebi	Crevettes et gambas
Edomae chirashi sushi	Sushi de style « Tokyo »
Fukin	Tissu de cuisine
Fukusa sushi	Sushi enveloppé dans de l'omelette
Futo maki sushi	Grand sushi roulé nommé aussi *date maki*
Gari	Gingembre au vinaigre
Gomoko sushi	Sushi végétarien
Gunkan maki sushi	*Nigiri sushi* avec des algues pour tenir la garniture
Hamachi	Carangue
Hamaguri	Clams Vénus
Hangiri	Cylindre à riz en bois
Hashi	Baguettes
Hocho	Terme général pour désigner le mot « couteau »

Hikari mono	Terme pour les poissons gras et brillants
Hirame	Terme pour les poissons plats avec œil sur le coin gauche de la tête
Hoso maki sushi	Petit sushi roulé
Hotate gai	Coquilles Saint-Jacques
Ika	Calmar
Ika sushi	Sushi de calmar farci
Ikura	Œufs de saumon
Inari sushi	*Abura age* farci avec du riz
Iri goma	Graines de sésame grillées
Ise ebi	Homard
Itamae	Maître en sushi
Iwashi	Sardine
Kai rui	Crustacés et œufs de poisson
Kaki	Huître
Kampyo	Le kampyo se présente sous forme de lanières plus ou moins longues, blanches ou brunes. Ce sont de fins copeaux taillés sur une courge asiatique, puis mis à sécher au soleil.
Kani	Crabe
Karei	Terme pour les poissons plats avec les yeux à droite de la tête
Kazari	Décorations, garnitures
Katsuo	Bonite
Katsuo bushi	Flocons de bonite sèche
Kihon	Bases de la cuisine
Kodomo sushi	Sushi pour enfants
Kome	Riz japonais
Kombu	Algue kelp séchée
Kuzanoko	Œufs de hareng
Maguro	Thon rouge
Makajiki	Espadon
Maki sushi	Sushi roulé avec du *nori*
Makisu	Natte en bambou servant à rouler les sushis
Matsukawa zukuri	Méthode de décor de la peau de poisson
Mato dai	Saint-pierre
Mirin	Alcool de riz sucré
Miru gai	Clam cheval
Miso shiru	Soupe à la pâte de *miso*
Nigiri sushi	Sushi pressé au riz, omelette et légumes
Nishin	Hareng
Nori	Algue brune pressée en fines feuilles
Oho toro	Thon gras
Ohyo garei	Flétan
Omakase	Sélection du chef
Oshi sushi	Sushi moulé

Oshibako	Moule à sushi pressé
Renkon	Racine de lotus
Saba	Maquereau
Sai bashi	Baguettes de cuisson
Sakana	Poisson
Sake (saké)	Vin de riz
Sake	Saumon
Sanmai oroshi	Technique de mise en filet des poissons plats
Sashimi	Poisson cru en tranches
Sayori	Orphie
Shamoji	Spatule pour servir le riz
Shako	Cigale de mer
Shari	Riz à sushi
Shime saba	Maquereau mariné
Shiitake	Champignons
Shita birame	Sole
Shoyu	Sauce soja
Soboro	Poisson haché
Su	Vinaigre de riz
Sui mono	Soupe claire
Sushi meshi	Riz assaisonné pour sushi
Suzuki	Bar
Tai (ou ma dai)	Daurade
Tako	Poulpe
Tamago soboro	Œufs brouillés
Tamari	Sauce soja élaborée sans farine
Tataki	Cuisson et refroidissement très rapide des viandes
Temaki sushi	Sushi roulé à la main
Temari sushi	Sushi en boule
Teriyaki sauce	Sauce au soja épaisse et sucrée
Tobiko	Œufs de poisson volant
Tofu	Fromage de soja
Toro	Découpe de thon, voir *chu toro* et *oho toro*
Tsuma	Décorations, garnitures diverses
Unagi	Anguille
Uni	Oursin
Uramaki	Sushi roulé à l'envers
Usuba bocho	Couteau à légumes
Usuyaki tamago	Omelette fine
Wakita	Assistant du maître en sushi
Wasabi	Raifort japonais
Yanagi Bocho	Couteau à poisson
Zaru	Passoire en bambou
Zasai	Légumes au vinaigre

Annexes
Index et remerciements

Index

Les pages marquées en **gras** indiquent une recette complète, celles en *italiques* sont accompagnées de photographies.

T

U

V

W

Y

Z

Pour en savoir plus...

OKAMOTO, MASAMI ET BUCK, CHRISTIANE.
Sushis. Hachette Pratique, Paris, 2001.

Collectif.
Sushis et Compagnie. Marabout, Paris, 2002.

GOMES, MICHELE, COTTRELL, NOËL, ET PIETERS, DIRK.
Sushis faciles. Marabout, Paris, 2000.

Remerciements

Remerciements de l'auteur

Je tiens tout d'abord à remercier chaleureusement Rosie et Eric de *Books for Cooks* qui m'ont soutenue tout au long de ce projet et sans l'aide de qui ce livre n'aurait même pas pu être commencé. Un autre grand merci pour Ian O'Leary et son assistant français, Ludo, pour les superbes prises de vues et l'animation musicale dont j'ai profité durant les très longues séances de photos en studio. J'aimerais aussi remercier beaucoup toute l'équipe de Dorling Kindersley et tout spécialement Mary-Clare Jerram, Tracy Killick, Sara Robin, et Hugh Thomson pour leur aide à la fois très humaine et professionnelle. Beaucoup de gratitude aussi à l'attention Nasim Mawji pour les éditions transatlantiques. Une grosse pensée pour vous, Jasper Morris de la société de négoce en vin Morris & Verdin pour m'avoir fait partager votre savoir.

Merci à Kalpana Brijnath, Eve Pleming et Simon May pour leurs précieux coups de mains durant les séances photos. Enfin, mes remerciements les plus vifs et attendris iront à mon mari Stephen pour sa patience, son inconditionnel soutien et bien sûr à mes trois fils Maxi, Frederic, et Dominique, infatigables testeurs de toutes mes recettes.

Dépôt légal : mars 2009
23-27-6764-04-7
ISBN : 2-01-23-6764-X

Imprimé en Chine par Leo Paper Products Ltd